陕西省榆林市 2021 年科技计划项目"乡村振兴战略中的......
（CXY-2021-93-08）"研究成果。

SHANXI YUYANG WENLÜ RONGHE
GAOZHILIANG FAZHAN DE SHIJIAN YU SIKAO

陕西榆阳文旅融合
高质量发展的实践与思考

程明社　著

中国海洋大学出版社

·青岛·

图书在版编目（ＣＩＰ）数据

陕西榆阳文旅融合高质量发展的实践与思考 / 程明
社著 . -- 青岛：中国海洋大学出版社，2022.9
ISBN 978-7-5670-3269-9

Ⅰ.①陕… Ⅱ.①程… Ⅲ.①地方文化－旅游业发展
－研究－榆林 Ⅳ.① F592.741.3

中国版本图书馆 CIP 数据核字 (2022) 第 169154 号

陕西榆阳文旅融合高质量发展的实践与思考

出 版 人	刘文菁
出版发行	中国海洋大学出版社有限公司
社　　址	青岛市香港东路 23 号　　　邮政编码　266071
网　　址	http://pub.ouc.edu.cn
责任编辑	郑雪姣　　　　　　　电　　话　0532-85901092
电子邮箱	zhengxuejiao@ouc-press.com
图片统筹	河北优盛文化传播有限公司
装帧设计	河北优盛文化传播有限公司
印　　制	三河市华晨印务有限公司
版　　次	2023 年 1 月第 1 版
印　　次	2023 年 1 月第 1 次印刷
成品尺寸	170 mm×240 mm　　　印　　张　8.75
字　　数	160 千　　　　　　　印　　数　1～1000
书　　号	ISBN 978-7-5670-3269-9　定　价　58.00 元
订购电话	0532-82032573（传真）18133833353

发现印刷质量问题，请致电 18133833353 进行调换。

前　言

　　文化旅游不是一个新的旅游产品，也不是一个新的旅游类型，所有景点景区都是在自然人化的过程中形成的，都有人类文化文明的因素在其中，不存在没有文化内涵的旅游。强调文旅融合发展，就是要突出旅游过程中的文化要素，或者反过来说，就是要将文化体验本身变成一件赏心悦目的旅游事件。文旅融合既要强调文旅的娱乐性，也要突出其意义和价值。文旅融合高质量发展；从旅游过程和旅游要素来讲，应该包括高质量的文旅产品供给、高质量的文旅产品消费、高质量的价值输出、高质量的环境融合。

　　高质量的文旅融合发展要处理好资源合理开发的问题。一些资源价值很高，但由于濒危等原因，不一定适合市场开发；也有一些资源虽然有一定市场，但是价值不高。这些资源的开发都要慎重。同时，我们即使找到了既有高价值、可开发、有市场的资源，也需要利用科技等手段将其转化为消费者需要的旅游产品。在转化过程中，消费者的需要很重要，价值和意义的输出更加重要——旅游产品要有助于构建我们的文化自信。我们要借助旅游产品讲好中国故事，既不能片面高估旅游产品的文化价值，也不能弱化旅游产品的文化价值。要引导消费者在旅游过程中通过旅游产品实现从外在的文化猎奇到内在的文化参悟的转换，让消费者理解旅游产品、旅游场景背后的意义，从而理解中国故事，传递中国声音。

　　中国文旅融合高质量发展产生了很多成功的案例，也遇到了不少亟待解决的问题。北京故宫博物院、西安秦始皇兵马俑、敦煌莫高窟等景区自不必说，这类景区的资源优势独一无二，其中一些现象级的市场效应也往往难以复制。浙江德清莫干山依靠绿水青山和当地文化遗存发展民宿旅游，无锡东方田园打造"三产"融合和"三生"融合的"田园综合体"，陕西袁家村集中精力打造关中民俗体验地，江西井冈山发展绿色＋红色旅游等，这些案例倒是可以给我们提供很多启示——旅游的发展不止有一种方式和一种手段，在创新中可以发现无限的机会。

在全域旅游的背景下，对于大多数地区来说，如何突破旅游资源贫乏的瓶颈是一个巨大的考验。在这方面，陕西省榆林市榆阳区的一些成功做法可以为我们提供借鉴。榆林市榆阳区的文旅资源与周边县区相比并不算丰富，但是近年来打造了很多的 A 级景区——赵家峁田园综合体、三鱼路杏树主题旅游、补浪河女子民兵治沙连、陕北民歌博物馆、麻黄梁黄土地质公园等，都是从无到有，由小到大，逐渐发展成为榆林市热门近郊旅游景点景区，其中的一些做法对全国旅游发展来说也具有启示意义。

本书共三章，主要介绍了陕西榆阳文旅融合发展与传播路径选择以及对榆阳区文旅发展及文化建设的思考。

由于作者水平有限，文中难免有不足之处，请广大读者批评指正！

程明社

2022 年 2 月

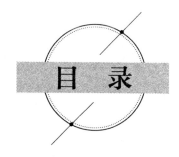

目 录

第一章　陕西榆阳文旅融合发展

榆阳区位于陕西省北部、榆林市中部，是榆林地区的行政中心。全区总面积为 7053 平方千米，以明长城为界，以北主要为风沙草滩区，以南主要为黄土丘陵沟壑区，全区辖 19 个乡镇、12 个街道、317 个行政村、91 个社区，常住人口 96.76 万人。

早在新石器时期就有人类繁衍生息；春秋时魏置上郡，距今已有 2000 余年；明成化年间筑榆林城，其为九边重镇之一。区内文物遗址星罗棋布，自然风光美不胜收，跨区域文化交融源远流长；榆林古城于 1986 年被国务院确定为第二批国家历史文化名城；全区已普查收录各类文物点 1417 处，非物质文化遗产 13 类 256 项。

榆阳区高质量创建"全域旅游示范区"，建成陕北民歌博物馆、邓宝珊将军纪念馆、季鸾公园、夫子庙文化旅游街区的"三馆一中心"等全国有影响力的精品文化工程，打造麻黄梁省级黄土地质公园、补浪河女子民兵治沙连、中国美丽田园乡村旅游、榆林野生动物园、"泛赵家峁"生态田园综合体等一大批文化旅游景区，成功创建 4A 级景区 3 家、3A 级景区 11 家；"大美榆阳"文化旅游系列活动异彩纷呈，全区年游客接待量突破 1000 万人次，旅游综合收入突破 40 亿元。

榆阳区以习近平新时代中国特色社会主义思想为指导，坚持新发展理念，落实高质量发展要求，以乡村游、近郊游、亲子游为基本依托，突出调整结构、提质增效、扩大规模、引领消费，推动近郊一日游在促进经济发展、农民增收致富中发挥更大作用，打造了三鱼线（美丽田园近郊游）、黄土风情线（长城边塞风情游）、农牧生态线（乡村戏水亲子游）、治沙文化体验线（大漠风情游）、古城文化核心两日游线（历史文化名城游）等 5 条精品旅游线路，努力成为本区人民的后花园、外来游客的目的地。

榆阳区已将文化旅游工作纳入区委、区政府战略部署，全力做大"文化＋""旅游＋"文章，催生新业态，培育新动能，努力实现榆阳区文化旅游转型升级高质量发展，力争到2025年末，建成全国文旅融合发展示范区、全国中华优秀传统文化示范区、国家级全域旅游示范区、国家级陕北文化生态保护核心区、全国乡村文化振兴示范区等高等级示范区。

2019年，榆阳区被新华网评选为全国"2019文旅融合发展优秀县区"，被华商报"中国旅游总评榜陕西分榜"评选为"陕西省2019年度文旅融合示范区"，陕北民歌博物馆被评为"陕西省2019年度最具综合实力文旅景区"，榆林老街被评为"2019年度最美文旅创意街区"，在文化旅游高质量发展方面做出了有益的尝试，也提供了全国文化旅游高质量发展的重要启示。

第一节　赵家峁田园综合体建设与乡村文旅融合高质量发展

赵家峁村位于榆林城区东南30千米处，为榆阳区古塔镇余兴庄办事处所辖村，属典型的黄土丘陵沟壑区地貌，总面积17平方千米，耕（林）地面积5300亩[①]，人均耕地3.3亩。全村辖5个村民小组，总人口261户800人。全村7.8平方千米土地上，已建成百余套新型住宅及设施，农业区、时令水果区、现代养殖区、水上游乐休闲区等十多个休闲游乐景点，成为初具规模的黄土风情与现代风格相融的休闲度假村。美丽村庄，远近闻名。

目前，赵家峁村正在开放迎宾的主要旅游项目有长220米、落差36米、充满速度与激情的"榆林第一"高空滑索；绿色环保、充满挑战的300米"十八关"的穿越丛林；融汇休闲性和趣味性的"晃晃桥"（水上软吊桥）、"水上漂"（水上游划艇）、浅水玩耍、水上垂钓；具有红色记忆的开国上将王震将军转战陕北驻扎过的老院子；折射乡愁元素的窑洞、土炕、炭火、石

---

① 1亩≈666.67平方米。

碾；硕果累累的果蔬区；散发果蔬清香的宽 4.5 米、长 15 千米环村自行车赛道；现代化的新型住宅区；充满岁月痕迹和"农家味道"的牛羊肉泡馍、炖羊肉、饸饹面、洋芋擦擦、炸油糕、黄米馍馍、肉夹馍；等等。

图 1-1　赵家峁景区

一、赵家峁田园综合体建设取得的主要成果

（一）入选中国美丽休闲乡村

习近平总书记曾说过，要"让居民望得见山、看得见水、记得住乡愁"，这是发展乡村文旅的指导性原则，"望得见山、看得见水"中的"山"和"水"，指的不仅仅是自然风光意义上的山和水，还是一个具有文化色彩、文化内涵的载体。"乡愁"的表现形式是情感，核心内涵是文化，"乡愁"是一种艺术化的表达，它的最初含义是指人们对故乡的思念和留恋，但随着现代社会的发展，"乡愁"的内涵扩展为人们对乡村自然生态的追求，对传统乡土文化的依恋，以及对乡村生活方式的怀念，是对现代化的一种反思。以

赵家峁为代表的田园综合体就是榆阳区现阶段打造乡愁文化、发展乡村文旅的理想载体。

赵家峁村依托"大美榆阳"杏树文化旅游系列活动，着力打造以"杏花溪谷·峁上人家"及"老家记忆·难忘乡愁"为主题的榆林近郊旅游村。现在全村已有 15 个大中型游乐项目，形成了集"吃住行、游购娱、研学旅"为一体的乡村旅游综合体，实现了农区变景区、田园变公园、农房变客房、农产品变商品的乡村剧变。村里一天比一天热闹，回乡的村民越来越多，住村村民也由 2013 年前的不到 100 人，增加到现在的 350 人。2019 年 12 月 12 日，赵家峁村入选"2019 年中国美丽休闲乡村"名单，文旅游乐项目、饮食、住宿、交通、服务等基础设施完备，品牌建设取得标志性成果。

（二）泛赵家峁田园综合体成立

解决城乡差距的根本在于发展乡村产业，但是，多数乡村可以发展的产业选择不多，较具普遍性的只有现代农业和旅游业两种主要方式。农业发展带来的增加值是有限的，而旅游业的消费主体是城市人，增加值潜力巨大，因此，旅游业可作为驱动性的产业选择，带动乡村社会经济的发展。

2017 年，赵家峁启动田园综合体建设，按照"农业＋旅游＋生态"模式，促进三产、三生融合高质量发展，设施农业及时令水果采摘区、现代养殖小区、新农村住宅区、水上游玩垂钓农家休闲区、高标准农田示范区、杏树文化观光区相辅的六大板块全面铺开。建成特色时令水果采摘基地 405 亩、旱作农业示范园 1000 亩、生态经济林示范区 1500 亩、现代养殖小区 35 亩，修建新农居 112 套，为发展休闲采摘和农业观光体验打下了基础；发展农村小型加工业，建成葡萄酒庄，建立 300 亩葡萄生产基地；建成 266 亩的农家休闲垂钓区、1500 亩的杏树文化观光区。田园综合体以创造城市人的乡村消费的方式，为中国乡村发展探索了新路径。

在赵家峁田园综合体的基础上，泛赵家峁田园综合体项目于 2020 年 9 月开园，项目处于赵家峁景区方圆 10 千米内，域内辖 3 个贫困村和 1 个非贫困村，共 10 个自然村，总户数 1211 户，总人口 3545 人。其中，贫困人口 188 人，项目占地面积 44.9 平方千米。泛赵家峁田园综合体项目总体布局为"一核三带，两极四区"，即以赵家峁为核心，辐射带动王岗畔、余兴庄、曹家硷三个行政村，形成"赵家峁＋王岗畔"休闲观光带、"赵家峁＋余兴庄"产学研服务带、"赵家峁＋曹家硷＋双伏则"种养循环产业带，打造农业产业增长极和乡村文化旅游增长极，建成农村集体产权制度改革示范区、农村产业融合发展示范区、黄土高原生态文明建设示范区和全域旅游示范区，实现多村组抱团、多产业融合、多业态集聚，在更大空间、更大范围建设集现代农业、旅游观赏、休憩康养、研学教育为一体的综合改革示范区，带动更多贫困群众增收致富，带动区域实现全面振兴，也为乡村大文旅的高质量发展奠定了基础。

（三）脱贫攻坚的标杆村、乡村振兴的示范村

乡村文旅的发展需要大量的前期投入，乡村自身发展才能聚集起优质的文旅资源。2013 年之前，赵家峁还曾是榆林深度贫困村，大多数青壮年劳动力进城务工，全村大多数耕地闲置荒芜，农民收入低下，农村发展遇到了很大的困难和问题，村庄"空壳"、集体"空心"、居民"空巢"，"三空"现象十分严重。通过大胆实施农村集体产权制度改革，赵家峁整合土地、资金、劳动力等资源，采取多元入股形式，推动农村资产股份化、土地资源股权化，促进资源聚合，形成叠加效应，实现了经济社会效益最大化，并全面激发了乡村振兴动力。2017 年，赵家峁顺利退出贫困村序列，合作社首次实现分红 100 万元；2020 年，全村旅游收入突破 1300 万元，村集体收入达 300 余万元，合作社 3 年内共计分红 380 万元，2019 年人均收入突破 2 万元。

赵家峁村作为第一个"吃螃蟹"的村子，为榆阳区探索产权制度改革迈出了坚实的第一步。通过 6 年多农村集体产权制度改革，赵家峁由一个深度贫困村，转变为远近闻名的陕西省农村集体经济发展示范村和乡村旅游度假村。2021 年，赵家峁村党支部被评为全国脱贫攻坚先进集体。2021 年 6 月 30 日，榆阳区赵家峁乡村振兴学院揭牌，"全国干部教育培训西北农林科技大学基地——赵家峁现场教学点"和"延安大学乡村振兴研究院榆阳分院"

也相继揭牌，泛赵家峁田园综合体以赵家峁为基地、窗口和平台，不断巩固深化拓展农村改革、文化旅游、社会治理等重点领域改革成果，向全国推广"榆阳模式"和"榆阳经验"，充分发挥示范典型的带动效应。赵家峁改革的不断推进，释放了土地、资金、劳动力等生产要素的活力，带动了乡村文旅产业的大发展。

二、赵家峁田园综合体建设的成功经验

（一）坚强有力的基层党组织，为文旅产业指路掌舵

选择正确的发展道路是赵家峁文旅发展的前期，而正确的发展道路则有赖于一个好的引路人。党的十八大以来，赵家峁村改选了村"两委"班子，新班子按照"党建引领、改革先行、产业融合、精准脱贫、乡村振兴"的发展思路，大胆探索农村集体产权制度改革，大力发展集体经济，形成了凝心聚力抓改革、通力协作促发展的良好局面。

赵家峁村先后被确定为全国生态文化示范村，陕西省农村集体产权制度改革试点村、美丽乡村标准化试点村、水土保持示范村、乡村旅游示范村，榆林市产权制度改革示范村、乡村振兴标杆村等。2021 年 6 月 28 日，榆林市榆阳区古塔镇赵家峁村党支部被中共中央授予"全国先进基层党组织"荣誉称号。坚强有力的基层党组织不仅为赵家峁的发展指明了方向，而且村"两委"班子在多方调研、结合实际的基础上，多次向区委、区政府汇报，争取项目资金。项目受到榆阳区委、区政府的高度重视，最终被纳入榆阳区现代农业和乡村文化旅游产业建设工作之中，赵家峁产权制度改革试点成为一号工程、书记工程，为全区农村改革发展闯出了一条新的示范路。

（二）推进农村产权制度改革，激活文旅产业资源

赵家峁当初发展现代农业和养殖业最大的瓶颈就是项目缺乏集中连片的大面积土地，村里耕地分散，土地多半荒置，经营权又分散在各家各户的手中。2013 年 6 月，赵家峁村大胆在全市尝试"确权确股不确地"的农村集体

产权制度改革。在坚持农村集体土地所有不动摇、土地用途不变、政府监管不失位的前提下，结合全村实际，以土地股和人口股为主，创新推出"4＋1"股权设置模式，"4"就是土地股、人口股、劳龄股、旧房产股，为基础股和保障股；"1"就是资金股，为发展股。在股权管理上，采取静态管理模式，将2015年10月1日确定为集体经济组织成员界定基准日，实行"增人不增股，减人不减股"，股权流转只能在村集体内部进行。

2017年3月，赵家峁村股份经济合作社正式揭牌并发放股权证，成为榆阳区的第一个村集体经济组织，实现了"资源变股权、资金变股金、农民变股东"的巨大转变。赵家峁村建立起归属清晰、权能完整、流转顺畅、保护严格的现代农村产权关系，闲置的土地资源得到盘活，全村的文旅发展也步入快车道。

（三）确保农民利益主体地位，奠定文旅产业群众基础

田园综合体建设的主要目标是促进农民持续增收，国家鼓励农民合作社作为田园综合体的建设主体，这也是赵家峁坚持的原则和成功的主要原因之一。赵家峁产权制度改革中的股权构成：土地股38%，人口股22%，劳龄股5%，资金股23%，旧房产股12%，综合考虑了所有群众的权益，"资源变股权、资金变股金、村民变股民"，得到了群众的大力支持，群众投资热情高涨，这是改革顺利进行的关键因素。2019年，常年在外承包工程的赵家峁村村民赵永江投资180万元建起了彩虹滑道项目。作为全村首个个人投资项目，正常情况下彩虹滑道每年的净利润能达到二三十万元，还带动了七八名村民就业。眼看着村里的发展形势不断向好，在外打工的200多名村民相继返回村子就业和创业，有的开农家乐，有的搞农产品初加工，还有的在农业园区或旅游公司打工。2020年，村里修建了总长为1100米的"德式滑道"。而当初在项目上马前，村"两委"班子还对300多万元的资金来源心里没底，岂料发出征询意见后，村民踊跃报名投资，当天就超额完成。目前，赵家峁的投资主体逐渐向村民倾斜，实现了"政府退出来、企业走进去、群众来参与"的投资模式，村民也成了最大的受益者。

三、赵家峁田园综合体建设存在的问题

（一）游客对文旅定位知晓率低

榆阳区文旅融合存在文化定位不够鲜明的问题。从媒体宣传来看，一方面，缺乏具有冲击力的旅游宣传语；另一方面，不同媒体报道的文化定位各有不同，边塞文化、黄土文化、农耕文化、红色文化等都有所涉及，但是，缺乏凝练性和统一性，分散和稀释了游客关注点。榆阳区赵家峁提出的两个旅游宣传语分别是"杏花溪谷，峁上人家"和"老家记忆，难忘乡愁"，这体现了其自然资源的特点和文化定位。但是，村民对旅游的认知率较低，70%以上的赵家峁非旅游从业者不知道这个宣传语，80%以上的游客不知道这个宣传语。

（二）强旅游、弱文化现象突出

赵家峁提出的"杏花溪谷，峁上人家"显现了文旅融合的努力和未来的发展方向，但就当前而言，赵家峁的文旅收益主要来源于玻璃桥、高空滑索、彩虹滑道等项目，"老家""乡愁"等文化主题未得到充分的挖掘和体现，也未能与旅游高收益项目充分融合，有待后期继续建设。文化和旅游成了相互割裂的两个方面，文化仅仅是个口号，是静态展示的内容，文化没有渗入旅游项目当中，没有形成与旅游者的互动，旅游者在消费过程中往往对这些文化项目视而不见，或者仅仅局限于一些走马观花式的浅层次参观活动。文化既不是旅游吸引物，也不是价值创造者，旅游者在这里体验到的只是旅游的形式，而不是灵魂。

（三）文旅项目营销方式不符合市场期待

目前赵家峁已建成运营的15个文旅项目，只有从2021年7月份至12月份临时实行通票制，通票价格为散客218元，团体票138元，而且通票制的新举措宣传不够，大多数游客并不知道有通票。如果没有通票制，游客体验全部15个项目需要花费520元，而且每个项目只能体验一次，这样的

价格比起上海迪士尼都高了不少，来赵家峁旅游的人大部分都感叹"太贵了""玩儿不起"。在所调查的游客当中，只有 5% 的人可以接受 300 ～ 400 元一天的价格，其他人认为比较合适的玩一天的价格普遍在 200 元左右。

表 1-1　赵家峁乡村旅游度假村景区项目（游乐）价格表景区无门票

项目名称	价格	备注
观光车上站	10 元 / 人	大人小孩同价
观光车下站	5 元 / 人	大人小孩同价
高空滑索	30 元 / 人	大人小孩同价
丛林穿越	25 元 / 人	大人小孩同价
水上拓展	30 元 / 人	大人小孩同价
德式滑道	50 元 / 人	大人小孩同价
彩虹滑道	每圈 30 元	1 米以下儿童可以同坐
水上漂流	60 元 / 人	1.2 米以下 30 元
玻璃桥	60 元 / 人	1.2 米以下儿童 30 元，成人票送步步惊心和大理石滑道一次，儿童票送大理石滑道 1 次
萌宠乐园	30 元 / 人	免费对象：军烈直系亲属，残疾人需相关证件
电动船	20 ～ 25 元 / 人	3 人以上每人 20 元，2 人 50 元
网红秋千	10 元 / 人	
喊泉	20 元 /5 分钟	
卡丁车	40 元 / 人 50 元 /2 人	40 元 / 单人，50 元 / 双人（可带 1 小孩）
射击场	30 元 / 人	
休闲小船	40 元 / 船	可坐 1 ～ 5 人
碰碰船	40 元 / 船	可坐 2 人

赵家峁距离榆林市区 30 千米，从游客分布来看，旅游者主要为榆林市区居民，同时覆盖榆林市所辖的 12 个县区以及周边的省份，不少人都来过两到三次；从旅游时段来看，主要是春季、夏季、秋季三个季度，尤其是以假日游和周末游最为集中；从消费群体来看，亲子游、青壮年群体为消费的

主要群体。由于游客数量波动太大，美食街难以维持常态化经营，工作日的游客面临吃饭的难题，旅游服务距离游客的期待值仍有较大差距，有近一半的游客认为赵家峁只有收费的项目，没有免费的服务，特别是景区旅游线路标识设置不科学、休息区不完善等问题突出，赵家峁也缺乏有针对性的游客分流优惠政策，缺乏针对主要消费群体的宣传营销活动。

（四）缺乏市场分析和应对的科学化手段

目前，个人游、亲子游、青年群体出游成为出游主力军；品质游、自驾游、精致熟人小团游将进一步受到推崇；周边短途游将成为主流。然而，当前赵家峁文旅项目缺乏精确的市场跟踪与数据分析，目前对旅游市场的了解、判断、决策仍停留在"估计"的层面上，对消费者群体状况、消费偏好、消费者的心理价格定位等并不了解，不仅缺乏针对周末游、日常游的文旅产品，而且缺乏相应的宣传和服务。

四、赵家峁田园综合体建设存在问题的解决对策

（一）建立杏花主题文化公园

赵家峁"杏花溪谷·峁上人家"基本概括了其资源亮点和凝聚方向，但是杏花及其附属产品（包括杏子、红叶）季节性强、周期短，较难融入其文旅项目，而且目前赵家峁旅游项目布局缺乏标志性的核心，游客更为关注赵家峁的游乐设施而不是文化，因此，需要一个能给人留下持久记忆的具有文化定位功能的中心景点。中国诗文中留下了大量关于杏花的作品，杏也因为幸福的寓意受到人们的喜爱，"杏门""杏眼""杏坛""杏林""杏花酒"等词语已经深入中国的传统文化当中，打造"杏花"主题文化公园，宣传杏花文化，开发相关文创产品，对于提升景区整体品位具有很强的聚合作用。在此基础上，将杏花文化逐渐渗透到其他游乐项目的周边环境创设、项目设施装饰、互动游戏的设置等环节当中，起到画龙点睛的作用，真正让文化与旅游实现融合发展。

（二）实现文化与旅游全要素融合

坚持田园综合体的农业基础地位，对"农文旅"进行全要素开发。增加农业景观、农事体验、非遗展示和演艺环节，增加红酒酿制、杏产品加工环节的游客参与度，优化生态宜居区设计，围绕田园综合体的文化主题进行以3D绘画、VR、AR等方式设计，街道、小巷、墙壁一步一景，不断地给旅游者带来惊喜。

在对"农文旅"进行全要素开发过程中，要注意生态文化、传统文化的全面融入。在农业项目中坚持以绿色低碳、健康环保为内容的产品设计生态化、生产环境生态化、生产过程生态化、消费过程生态化理念；在现有游乐项目中坚持与以仁者爱人、自强不息为主要内容的儒家文化，以及以天人合一、尊重自然为主要内容的道家文化的融合。

应该有"综合"的意识，发展休闲庭院旅游。不能将各个项目独立开来思考和运营，要进行整体组合设计，应该打通农事体验、果蔬采摘、农家乐、民宿等项目之间的界限，让旅游者可以在农事体验之后采摘果蔬，拿着自己采摘的果蔬去农家乐委托代做，或者去民宿自己动手做好后和家人或者朋友围坐在一起品尝，进一步提升乡村文旅的整体体验。

（三）建立精准化的宣传体系

同时，通过抖音、快手、微信公众号等渠道大力宣传赵家峁"杏花溪谷·峁上人家"及"老家记忆·难忘乡愁"旅游宣传语。在村里通过标语、景观、游客互动等方式营造"杏花溪谷·峁上人家"及"老家记忆·难忘乡愁"的旅游氛围。对赵家峁村民进行培训和宣传，提高村民对旅游宣传语的知晓率，让村民成为义务宣传员。在市区、县城、重点城镇等人口密集区举办旅游推介活动，提高群众对旅游宣传语的认知度。

（四）实施品牌战略

赵家峁田园综合体生态文化应该实施品牌战略。要以赵家峁基地为依托，整合多种资源，积极争取品牌认证，包括休闲农业示范点、三品一标（无公害农产品、绿色食品、有机农产品和农产品地理标志）、国家地理标志保护产品、国家农业公园、现代农业特色品牌基地、重要农业文化遗产等品牌认证，以品牌认证支持文旅高质量发展。

在建设生态文化品牌化战略的基础上，充分挖掘赵家峁农耕文化、知青文化、红色文化，让游客站在玻璃桥上可以看到绿植花海，在农事中体验到精耕细作，在葡萄酒的酿制中体会农产品加工的快乐，在赵家峁原住民身上看到昂扬向上、积极健康的精神风貌。

以门票优惠、赠送礼物等方式鼓励游客参观赵家峁改革博物馆，让游客通过了解赵家峁产权制度改革的过程和取得的成就，理解赵家峁翻天覆地的变化和赵家峁人大胆创新、不断进取的精神。

（五）丰富营销手段，增加游客黏合度

从价格上鼓励旅游者进行深度体验旅游，积极探索一票制、团体票制、年票制等多种形式，延长游客的旅游时长，吸引附近城区的游客常来常往。鼓励城区游客自驾旅游，对自驾旅游达到一定次数或者消费达到一定额度的游客颁发荣誉游客证书，进行旅游消费减免或者赠送礼品。

开发文化创意产品，让游客带走记忆，延长游客体验过程。

对于赵家峁这样旅游峰谷反差特别大的乡村文旅项目，要在文旅低谷期做好宣传营销和游客引流；旅游高峰期可以借鉴现代餐饮的排队模式，用手机小程序离场排队、为现场排队的游客提供免费的简餐服务、排队超过一定时间有礼物相送等方式缓解旅游者的等待焦虑。

为游客提供休息区、免费饮用水、景区疏导和咨询等服务，重视旅游者的抱怨和批评，将其作为改善服务的切入点，建立旅游者意见收集和文旅服务改进机制，建立文旅口碑。

（六）拓展中长距离客源地

发展田园综合体要注重用城市因素解决乡村问题，创造城市人的乡村消

费，增加城乡互动。榆林城区人口有限，应进一步拓展中长距离客源地，首先，加大对一日游（200千米左右）所能覆盖的榆林市所辖县区的宣传和引流，其次，将内蒙古周边、山西周边、宁夏周边、延安市等300～500千米范围内的游客纳入进来。对中长距离来的游客，用门票优惠减免、导游解说、餐饮住宿优惠、赠送旅游礼品等形式提供优质的精准服务，建立旅游口碑，吸引更多的游客前来旅游。对于组织周边省市游客达到一定数量的旅行社进行奖励。

五、赵家峁田园综合体建设对榆阳区田园综合体模式的乡村文旅发展的启示

（一）坚持农文旅定位

要准确把握田园综合体发展定位和功能作用，突出农业绿色化、优质化、特色化、品牌化，以"望得见山，看得见水，记得住乡愁"为基本要求，保持田园风光，尊重自然格局，推进乡村生态功能产业化，应该采取"农业＋"的发展模式，而不是"旅游＋"的模式。

田园综合体的打造应该坚持市场运作，引导社会资本投入农业农村，最终促进农民持续增收。发挥市场在农业农村生态资源配置中的决定性作用，推动生态资源价值有效转化，形成可持续运行的田园综合体推广模式。坚持促农增收，叠加旅游功能，形成独具特色的乡村旅游体验，促进城市人口下乡消费。通过就业、保底分红、股份合作等方式完善利益链，增加农民财产性收入、经营性收入和工资性收入，促进城乡共同发展。

（二）建立差异化发展格局

乡村振兴的根本在于发展乡村产业，但是，多数乡村可以发展的产业选择不多，较有普遍性的只有现代农业和旅游业两种主要模式。农业发展带来的增加值是有限的，而旅游业的消费主体是城市人，增加值潜力巨大，因此，田园综合体"农业＋文旅＋生态"的发展模式可以作为乡村发展的主要

模式。同时，为了避免同质化竞争带来的资源浪费，根据榆阳区以明长城为界，沿北主要为风沙草滩区，沿南主要为黄土丘陵沟壑区的地貌特征和榆阳区处于边塞文化向黄土文化过渡区的文化特征，全区的田园综合体应该以古塔镇赵家峁黄土文化、孟家湾三道河泽草滩风情为核心进行建设，将其打造为"三产"与"三生"全面融合、深度融合陕北区域田园综合体品牌，并将周围乡村发展融入其中，统筹规划，协调发展。同时，以红石桥"乐沙戏水"田园综合体和白舍牛滩田园综合体为重要节点，向榆阳区四个方向延伸，再辅之以归德堡的"运动休闲"田园综合体、小纪汗镇的"草业明珠"田园综合体、郑家川的"康养"综合体、榆卜界田园综合体、赵庄田园综合体、刀兔海则田园综合体，根据不同线路的资源优势，向西融入红色文化，向北融入少数民族文化，向东融入长城文化，向南融入宗教文化，以点促面，带动乡村文旅全面发展。

在田园综合体的规模和数量建设达到一定程度的情况下，政府应该积极牵头联合参与企业、行业、事业单位、专家探索建立田园综合体的地方行业标准。例如，田园综合体的产业结构标准、管理标准、服务标准、生态环境标准、服务标准，预防田园综合体建设走偏、跑偏，避免浪费社会资源。

（三）实施文旅解说战略

基于乡村文旅综合体当中，文化成为旅游吸引物的重要内容，但是，这种文化如果没人解说、没人阐释，旅游者就不可能深刻体会目的地的文化，旅游者只能是文化的猎奇者，或者记住文化的只言片语，离开了目的地，就跟目的地的文化全然脱离了关系，不会再想起和记忆，自然也无法进行有效的传播。乡村文旅融合高质量发展应该积极利用解说去实现产品供给过程中的意义传递，不仅让旅游者来此体验、理解、认知这种文化和生活方式，更要懂得和热爱这种文化。应该大力推进解说服务，提升旅游地居民的文化认同、知识储备、解说水平，让旅游地的居民人人都是解说员。同时，借助现代信息技术，大力推动自主解说，实现产品解说的全覆盖。赵家峁要利用好改革展览馆，为游客提供免费的解说服务，为赵家峁村民特别是文旅相关工作岗位上的村民提供培训，让这里的文化深入游客的内心，并通过游客传递给更多的人。

（四）建立旅游大数据平台

通过注册会员、电子门票等多种方式，建立游客大数据库。利用大数据，根据消费者的年龄、性别、职业、文化程度等做好市场细分，有针对性地开发、宣传、推广中高端定制游、品质游，让不同消费者群体都游有所乐、游有所得、游有所获，应该根据市场变化，前瞻性地进行调整和应对，做好客流引导，开发旅游产品，升级旅游服务。

附件：赵家峁游客消费状况调查

1. 您的基本情况

性别＿＿＿年龄＿＿＿职业＿＿＿＿＿＿＿

2. 您是从什么地方来赵家峁的？（出发地距离赵家峁多少千米）

3. 您乘坐的交通工具是什么？

4. 您是通过何种渠道知道赵家峁的？（A. 亲友相告　B. 广告宣传　C. 媒体报道　D. 其他）

5. 您以前来过赵家峁几次？

6. 你在赵家峁消费的项目有哪些？（A. 高空滑索　B. 丛林穿越　C. 水上拓展　D. 德式滑道　E. 彩虹滑道　F. 水上漂流　G. 玻璃桥　H. 萌宠乐园　I. 电动船　J. 网红秋千　K. 喊泉　L. 卡丁车　M. 射击场　N. 休闲小船　O. 碰碰船）

7. 您对赵家峁旅游项目的满意度情况。（A. 满意　B. 基本满意　C. 不满意）

8. 您最满意的三个项目是哪些？

9. 您认为还有待改进的项目有哪些？

10. 您认为在赵家峁玩一天的合适价格是多少？（含餐）

11. 您在赵家峁的旅游时长是多少？（小时）

12. 您是否知道赵家峁旅游宣传语？（"杏花溪谷·峁上人家""老家记忆·难忘乡愁"）

13. 除了游乐区，您是否知道赵家峁的其他功能区（杏树文化观赏区、时令水果采摘区、现代化移民小区、旱作农业示范区、现代养殖区）

14. 您是否愿意参观或者体验其他几个功能区？

15. 您是否考虑在赵家峁度假？（住宿）

16. 您会把赵家峁推荐给身边的人吗？

17. 您近期还打算来赵家峁吗？

18. 您对赵家峁旅游有何意见和建议？

对调查问卷中几个关键问题的分析：

您是通过何种渠道知道赵家峁的？

亲友相告	广告宣传	媒体报道
76	23	45

从统计来看，在来赵家峁之前，大多数人是通过亲友相告的方式知道赵家峁的。这说明吸引游客、宣传赵家峁旅游的最佳方式仍然是做好游客的口碑，媒体报道和广告宣传是其次。

您以前来过赵家峁几次？

1次	2次	3次及以上
60	15	69

从统计来看，游客来赵家峁旅游的次数呈现两头大、中间小的分布规律，接近一半的人都来过3次以上，也有不少游客是第一次来。这说明旅游市场的开发潜力仍然较大，如何吸引游客第二次旅游是目前的瓶颈性问题，来过第二次的游客以后大多会经常来。

您是否知道赵家峁旅游宣传语？（"杏花溪谷·峁上人家""老家记忆·难忘乡愁"）

村内旅游从业者	村内非旅游从业者	游客
12/15	6/42	33/144

从统计来看，赵家峁村内旅游从业者对赵家峁旅游宣传语的知晓率最高，其次是游客，再次是村内非旅游从业者。这说明旅游宣传语整体知晓率

较低，普及度不高。即使是村内旅游从业者，能完整准确地表述旅游宣传语的更少。村内非旅游从业者知晓率过低，一方面与宣传力度不够有关，另一方面，也与非旅游从业者大多是高龄老人有关。

您认为在赵家峁玩一天的合适价格是多少（含餐）？

150 以内	151～250	251 及以上
12	126	6

从统计来看，绝大多数人认为赵家峁旅游项目收费偏高，可尝试在200元左右的区间退出套票，提高游客满意度。

您近期还打算来赵家峁吗？

会	不会
48	96

从统计来看，大多数人近期没有再来赵家峁的打算。原因是多方面的，一是多数游客觉得价格偏高；二是部分游客觉得环境和设施不完善；三是部分游客觉得赵家峁有点像大型的游乐场，特色不鲜明。同时，也有游客觉得赵家峁服务跟不上，交通、吃饭不方便等。不过，从经常来赵家峁的游客反馈情况看，大家几乎每次在赵家峁旅游结束后都不打算再来，后来还是来了，这说明在榆林近郊，赵家峁仍算得上屈指可数的相对优质的旅游目的地了。

您会把赵家峁推荐给身边的人吗？

会	不会
78	66

从统计来看，游客在会不会将赵家峁推荐给其他人的选择上基本持平。这说明口碑相传仍然是吸引游客的重要渠道，提升游客旅游舒适度、满意度，就会吸引更多游客。

您在赵家峁的旅游时长是多少？（小时）

2 小时以内	2～4 小时	4 小时以上
33	60	51

从统计来看，大多数游客在赵家峁旅游时间为2～4小时，其次为4小时以上，特别是在旅游时间超过4小时的游客当中，以6小时左右为主。这

一方面说明了游客整体游览时间偏短，造成了除旅游项目本身的消费之外，住宿等消费需求不多，需要进一步增加游客互动体验项目，延长游客旅游时间，提高旅游消费；另一方面也说明，就目前而言，餐饮等需求是比较大的。只要提高餐饮质量，做出特色，赵家峁的餐饮业是有较大发展潜力的。

除了游乐区，您是否知道赵家峁其他功能区？（杏树文化观赏区、时令水果采摘区、现代化移民小区、旱作农业示范区、现代养殖区）

知道	不知道
32	112

从统计来看，绝大多数人不知道赵家峁的其他功能区。这说明赵家峁在旅游宣传上仍然存在不足，大家更多的是将赵家峁看作一个游乐区，其作为生产、生活、生态"三生"融合，第一产业、第二产业、第三产业"三产"融合的"田园综合体"的功能未能得到有效发挥。但是，所调查的游客有80%以上的人愿意去游览和体验其他几个功能区，这也正是赵家峁后续开发的潜力区域和项目。

您对赵家峁旅游有何意见和建议？

价格太高	交通不便	环境及设施不完善	服务不到位	特色不鲜明
48	30	39	8	19

从统计来看，价格高、环境及旅游设施不完善、交通不便是游客认为亟待改善的三大问题，应该尝试实行通票制、年票制等多种方式，降低收费过高问题。同时，完善服务设施，特别是游客休息、饮用水等设施以及游览标识系统也是当务之急。在旅游旺季可推出旅游大巴专线，一方面可以方便游客出行；另一方面，也可以缓解旅游高峰期的交通压力。

另外，需要说明的是，本次调查是在2021年9月份开展的，由于受到疫情的影响，赵家峁景区游客不多，调查两日收到有效问卷144份。由于去赵家峁的游客大多为亲子自驾游、同事自驾游、朋友自驾游，因此，以上各项数据在性别、年龄方面的区分不大。

第二节　杏花节与自然资源类乡村文旅产业链打造

1998 年，榆阳区响应国家退耕还林政策，积极在南部山区发展大扁杏产业，建成杏产业基地 10 多万亩，以粗犷、厚重为主色调的黄土丘陵沟壑区，杏花香溢满川，成为榆阳独特的地理标志和地域精粹。以杏产业为基础，2011 年，榆阳区举办了首届红叶节，2012 年，举办了首届杏花节，大批游客纷至沓来，成为榆林旅游的一张名片。以此为契机，榆阳区又开发了鱼河峁油菜花节、岔河则马铃薯赏花节、青云乡的万寿菊赏花月以及中国农民丰收节、乡村溜溜音乐节、大漠汽车越野赛、风筝音乐节等一系列旅游活动，带活了乡村经济发展，探索出了一条开发乡村文旅资源、发展乡村文旅的新路子。

图 1-2　杏树岭红叶

一、杏树文化旅游取得的成果

（一）形成杏树生态廊道，入选"中国美丽田园"

榆阳区已建成北起卧云山，南至刘小沟，总长上百千米的杏树生态示范带，面积4万亩；建成鱼河峁、余兴庄、古塔、刘千河等5个万亩乡镇；建成卧云山、白家沟等8个丰产园；朱庄、付家畔等20个样板村。农业部公布的2014年中国最美休闲乡村和中国美丽田园名单，榆阳区古塔镇杏花景观入选"中国美丽田园"名单中，成为榆林市唯一入选的景观。杏树生态廊道不仅大大改善了沿线村民的生产生活环境，而且成为榆林市近郊旅游最具人气的路线。春天赏花和秋天观叶期间，杏树生态廊道人潮涌动，让人们看见了乡村美景，找到了浓浓乡愁。"中国美丽田园"成为榆阳区文旅的宝贵资源和招牌，杏树田园景观沿线，美丽休闲乡村、乡村音乐节、田园综合体依次而建，成为榆林近郊文旅融合高质量发展最具潜力的线路。

（二）打造了多季节旅游要素

2011年起，榆阳区在南部山区16万亩大扁杏经济林建设过程中，创新开展"春赏花、夏采果、秋观叶、冬踏雪"为主题的"大美榆阳"杏树文化旅游活动。以杏树文化为基础，将最早开展的秋季杏树红叶文化观赏周，拓展到了春季杏花文化观赏月，再拓展到夏季的时令红杏采摘活动，以及冬天的踏雪滑雪运动，实现了四时可游的文旅新业态。

（三）建立了丰富的旅游节活动项目

每年春季，榆阳区以"杏花飘香、魅力榆阳"为主题的杏花文化节，展示了榆阳区生态治理的奇迹和黄土高原多姿多彩的风俗画卷，以生态景致为载体，以观光旅游为纽带，荟萃摄影、文学、书画、民歌等各路艺术精英，汇聚农业、历史、民俗、饮食各类文化元素，举办春游健身、春耕文化体验、旅游文创产品展销、民俗文化展演、少儿文化会演、杏林乡村民俗音乐节、"榆阳风情"农特产品展销、舌尖·美食、摄影采风、杏林网红直播及才艺展示、山地自行车越野、杏林穿越、"老家记忆·难忘乡愁"景区体验、卧云山景区体验、儿童游乐等十余项活动项目。

二、主要经验

（一）转换思路，挖掘旅游要素

花卉旅游繁荣发展的契机源于民众休闲思潮的兴起，现代花卉旅游因为具备观赏、科教、养生、购物为一体的组合功能，因而能够满足不同特征的游客群体需求，从而丰富了群众休闲游憩的选择。花卉旅游热潮受传统自然审美的观念影响，满足了人们向往田园生活的心理诉求，同时，花卉的色彩美、香味美、姿态美、风韵美为游客带来生理和心理上的舒适感，满足了人们享受形式快感的适用需求。榆阳区的乡村旅游就是杏树林开始，由于受晚霜冻害等自然条件的制约，十几万亩的大扁杏经济效益并不突出。榆阳区另辟蹊径，发现并发掘了杏花和杏树叶对人们造成的视觉冲击力和观赏价值，开辟了杏树文旅产业的路径，为全区乡村旅游打开了新局面。

（二）设立旅游节，汇聚人气资源

2011年，榆阳区启动了为期一周的杏树红叶文化节，由此拉开了乡村文化旅游的序幕，之后又举办了杏花文化节等一系列的文化旅游节。这些旅游节大多围绕周期性较强的旅游产品展开，对于宣传推介旅游产品，汇聚人气资源起到了很好的效果。人们的旅游活动往往从这些旅游节的举办开始，各类营销活动也配合开展，丰富了旅游活动的内容，也提升了人们旅游体验的效果。

（三）文旅融合，丰富活动内涵

在杏花节期间举办的一系列活动，不仅满足了人们对自然风光的观赏需求，也给人们带来了丰富的文化体验，特别是春游与拔河、打沙包、踢毽子、跳绳、放风筝等民间游戏的结合，让游客跟着当地农民体验参观春耕过程，剪纸、泥塑、木雕等传统手工艺展示，榆林小曲、陕北说书、小戏等特色曲艺展演，杏类加工产品、农产品、手工艺品等产品展销，各地风味小吃荟萃，大大丰富了活动内涵，让人们感受到全方位、立体化的文化冲击，提升了旅游吸引力，使人们愿意经常来看看。

三、存在的问题

（一）有景区而无景点

榆阳区拥有杏树面积达 16 万亩，杏花观赏路线绵延数十千米，杏树景观入选"中国美丽田园"。这样大规模的杏花面积是其优点，沿线村镇可以根据自身资源优势开展相应的文化活动，也能起到分散高峰期大流量游客引起的接待压力的作用。但是，目前赏花路线规划欠缺，没有观赏点的设计和路边指示，人们大多只知道古塔镇和三鱼路沿线为赏花的最佳区域，但是，对最佳观赏点却不清楚，虽然杏花节期间十余项活动在不同村镇举办，但人们还是为花而来的。有些村镇虽有文化娱乐活动。但是杏花景观观赏性一般，影响人们的观赏体验。也有不少游客因为不清楚在哪里可以看到最美的杏花景观，一路随着车流人流走，最终随便看了一处就回去了，从而产生对杏花景区不太高的评价。

（二）有亮点而无卖点

杏花景区是榆林近郊最早的赏花路线，也是特色比较鲜明的旅游线路，但是，景区缺乏配套的"吃、住、行、游、购、娱"旅游设施，难以满足游客餐饮、住宿、购物、娱乐等不同层次的消费需求，有限的农家乐卫生状况堪忧，路边摊点卫生更难以得到保障，大多数路边摊点售卖的饮食和城区的相比没有什么特色，游客难以品尝到放心的、有特色的美食；景区准备不足，土特产在城区超市都有售卖，而且没有标识，游客难以购买到称心的土特产；景点活动程式化，各个旅游节设置的活动大同小异，缺乏现场互动，游客难以尽兴。游客因花而来，却很难因花停留，部分游客沿着赏花路线一路自驾，只是在观景点下来拍几张照片就离开了。游人来了不少，却没有产生消费，钱没留下多少。景区配套服务不能令人满意，游客以城区近郊游为主，大多数游客属于早出晚归型，游客没有产生"住"和"购"等方面的消费，很难带动当地农民显著和普遍增收。

（三）有产业而无产业链

赏花旅游在全国各地兴起，榆阳区也已经具有杏花、万寿菊、马铃薯等多个赏花旅游项目，这些项目虽然错时开展，但活动内容大同小异，造成了游客的审美疲劳。这些项目没有系统地开发利用本地历史民俗文化资源，文化没有与赏花观赏深度融合，虽然看起来赏花相关活动丰富多彩，但是，大多缺乏文化底蕴和根基，文化内涵不足，不能让游客领略与花相关联的文化意境，无法让游客体验本地风土人情、历史文化、地域特色、乡村变迁等，未能丰富游客的生活阅历，提升其人生境界，因此留不住客人。景点有旅游产业而没有形成产业链，除赏花外缺少配套项目，有市场竞争力的旅游产品少。游客除了赏花、吃农家饭、买农产品外，没有特色纪念品可选，旅游还停留在浅层次。

（四）服务设施不健全

杏花观赏游客基本为自驾游，但是，沿途道路交通等基础设施差，崎岖狭窄，大量游人集中在景点景区活动，景区负荷短时间剧增。赏花观叶期间景点周围缺乏相关配套设施，停车场建设不足，赏花高峰期间容易造成周边停车难、行车难，经常造成堵车几千米甚至十几千米的情况。杏花观赏点的管理人员是当地村民，缺乏处理突发事件的能力，缺乏突发事件应急处理预案。景区也缺乏休息区，人们累了只能站在路边或者坐在车里休息，影响消费体验，游客集中的地方还缺乏垃圾桶、盥洗室等基本配置，降低了游客的消费率和复游率。另外，从时间维度看，赏花旅游季节性强，淡旺季分明。花期是决定赏花旅游市场状况的重要因素，杏花观赏高峰期往往"门庭若市""游人如织"，花谢时"门可罗雀""乏人问津"，导致旅游配套项目难以常态化运营，也降低了各方投资的兴趣。

四、解决的对策

（一）打造浪漫之旅

发展赏花经济，要深耕地方特色，乡村还是要有乡土气息，有特色、有亮点、有故事，才有竞争力。江苏兴化油菜花，紧密联系着全球独有的、具有悠久历史的垛田；江西婺源油菜花和山景、民居联动；江苏高淳金花节，离不开中国第一个国际慢城——高淳的背景。单纯赏花不可持续，游客看一眼花，很快就走了，或者最多再吃一顿饭，对地方经济拉动有限，第二年说不定还会被其他新开发出来的赏花地取代。榆阳区杏花景区分布在南部山区，杏花开放时错落有致，层次感强，视觉冲击力强。应该结合榆阳区杏花旅游线路的环境特点、人们的春游传统、青年人成为旅游和消费的主力军的情况，将赏花旅游活动打造成浪漫之旅，沿途公路建成主题音乐公路，路标的设置和观景点的环境布置都体现浪漫主题，开展写生、婚纱摄影等浪漫主题的旅游活动，利用杏花文学艺术、传说故事开展"以花会友，用花传情"等主题活动，并根据这一主题有针对性地开展青年游客群体的市场营销，通过线上线下渠道，逐步提升影响力，将杏花观赏线打造成有较大影响力的浪漫主题文化旅游线路。

（二）建设休闲庄园

作为规模较大的旅游线路和旅游景区，杏花旅游应该进一步聚焦，打造精品化的观景点，并对观景点进行美化设计，全线体现浪漫主题，每个观景点要有所区别，让游客体验一个之后还有兴趣再去体验下一个。同时，全线应该打造游客必去的核心景区，在浪漫主题之下可以建设浪漫农庄，一则作为杏花主题旅游路线的升华，二则可以弥补赏花旅游季节性强，无花期游客过少的弊端。浪漫农庄可以选择太阳花、红高粱、玫瑰花、各种香草、番茄、橙子、桃树等具有一定景观效果的植被，结合西式浪漫主义情怀，建设婚纱摄影、写生基地，举办浪漫寄语留言交友活动，使得其具有一定的特色与时尚味道。以农庄果树为植物背景，营造五彩斑斓的休闲度假环境，能够展示浪漫文化风情，形成一种别样的度假体验。农庄里的房间围绕浪漫主题精心设计，一房一主题，一房一景致，在此居住陶冶情操，放松身心，得到浪漫的生活享受。农庄里的餐饮从就餐环境到餐具的设计，再到美食造型等，每一个细节都体现浪漫元素，让来此体验的游客感受到全方位的浪漫气氛，来此住宿的游客早晨可以看到太阳从花海升起，晚上可以围坐在篝火旁边看星星。

（三）开发旅游产品

目前，国内赏花游的方式多数以徒步拍照为主，缺少更丰富的活动，赏花经济在我国文创领域的探索还处于尝试阶段，仍有很大的增长空间，主题性的文创类纪念品缺乏。在这一点上，榆阳区杏花旅游仍需深度开发，寻求突破，特别是在文创产品设计开发方面进行深度发掘。榆阳区杏花景区可以开发杏花、杏子、杏树叶相关文创产品，从借鉴其他景区的成功做法开始，逐步走出自己的特色。杏花文化文创产品需要将传统文化元素植入当代工艺品和日常消费品中，让优秀的文化传统与时尚元素完美结合，不能停留在设计缺乏创意、制造工艺停留在低水平的旅游纪念品的浅层次上。

可以依托浪漫农庄开展以"DIY"为主题的花卉文化体验式旅游，开展"盆景设计、DIY香包"等项目。结合不同花卉品种和学习者特征，开设插花培训项目，包括"微景观花艺""花束课程""婚礼花艺课程""艺术插花课程"；在专业技术人员的指导下，可以自由选择各种花卉制作各类喜爱的生活小物件，如鲜花书签、鲜花壁挂，并通过学习花语，制作不同含义的花束、花篮等，在普及花卉知识的过程中，使用香料花卉制作成小香囊、花茶、花浴香料等旅游纪念品。规划出专供小朋友参与的儿童手工艺制作区，通过教授简单花卉工艺品的制作，如DIY香包、DIY鲜花发卡、DIY鲜花手链、DIY鲜花名字，提高各种类型游客的参与度，积极探索和开发花卉的美容养生和康养体验内容。

（四）提供精细化的服务

完善自驾车服务设施建设，在观景点建设停车场并提供游客数量预警信息，引导游客理性选择赏花目的地。游客可以根据预警信息，选择不同的观景点停靠，在游客集中的景点设置休息区，修建厕所等基础服务设施。根据不同地貌的观景点，设置卡丁车竞赛场、步行道、马车道、自行车道等不同的景观道路，引入花海自行车、花田漫步等项目。利用现代媒体技术开展赏花经济营销推介，借鉴日本樱花"花情详报"宣传策略，绘制权威的"赏花经济带"地图，持续宣传各地主要赏花活动的开放时间、开放区域等情况，引导公众赏花预期，游人根据花情安排生活与出行。

五、自然资源类乡村文旅产业链打造的启示

（一）凝练文旅特色

旅游者通过文旅活动寻求与获得对地方或世界的自我认知，他们在寻找自己与一种文化的内在联系，这是人们以想象的方式建构自己群体身份的途径。一个人去新的旅游目的地，他参与了探险项目，可以建立勇敢、独立的临时身份；他欣赏了古典戏曲，可以建立优雅、富有内涵的临时身份；他作为志愿者参与旅游活动，可以建立高尚、乐于助人的临时身份。旅游提供了一种可能，旅游者可以通过个人经历来定义自己的身份，文化作为旅游者的身份符号，因而具有了吸引力。因此，旅游项目要做好文化定位，凝练自己的特色。自然资源类文旅项目的开发不能因自然而"自然"，赏花不能只是赏花，或者以赏花为背景，开展与赏花文化关系不大、关联性不强的活动。要根据项目特点进行特色提炼、主体化打造。鱼河峁油菜花节可以主打春游踏青主题，岔河则马铃薯赏花节可以主打健康饮食主题，青云乡的万寿菊赏花月可以主打养生文化主题，乡村溜溜音乐节主打乡村自然声音主题，风筝音乐节主打民间游戏主题，避免各类旅游节、旅游月活动同质化竞争带来的资源浪费和人们的审美疲劳。

（二）打造智慧景区

建立景区数据中心，加快智能化信息采集和数据库整合共享，利用微博、微信等 App，及时发布旅游资讯，包括景区基本情况介绍，景区内地图和导航，景区内实时动态感知信息（温湿度、光照、紫外线、空气质量、水温、水质等），景区内智能参考信息（景区、景点内游客流量，车流拥挤程度，停车场空余位置等），为游人出行安排、管理部门及时发布预警信息、采取有效应对措施等提供参考依据。

利用 AR、VR 技术，借鉴日本"情绪森林"周围环境随着游客心情的变化而变化等成功案例，创设虚拟旅游情境，增加人机互动，打破季节、天气等自然因素的制约，实现全季旅游。建设旅游应急预案及应急响应系统。

建立畅通的信息收集反馈系统，随时掌握景区内设施设备的运行情况，对损坏的设施设备进行及时维修，收集游客反馈的意见和建议，不断调整优化景区内的运营管理，并将游客反馈意见建议的处理结果告知游客，实现景区与游客的良性互动。

（三）创新产品开发平台

结合旅游主题，开发文创产品，文创产品开发要注重产品内涵的文化性，也要重视产品形式、消费过程、细节的文化性。当前，以物联网、大数据、人工智能、AR/VR、3D 打印等高新技术赋能文化领域，是实现优质文化资源向文化产业转化的有效途径。借鉴"敦煌诗巾"的创意，打造微信小程序等开放平台，将榆阳区美丽的自然景观视听觉要素和传统文化元素上传至平台，供用户利用平台工具进行编辑与设计，一起开发文创产品；同时，平台提供产品的展示和交易，开展个性化定制，助力文旅产品开发的创新。用户在参与设计的过程中，可以利用平台资源自主学习本地传统文化，不仅这样不仅可以满足其自身对文创产品个性化的需求，还能够丰富互动体验，实现自然景观欣赏与文化学习的双重目的。同时，通过开放平台吸引广大用户参与进来，建立利益共享机制，也有助于整合本地优质自然和文化资源，推动资源的市场转化率，促进产业的形成和产业链的延伸。

（四）创建消费语境

目前，榆阳区乡村旅游产品仍以初级的农特产品为主，产品缺乏特色，缺乏标识，甚至连基本的包装都没有，产品销量小，附加值低。融入文化元素，开发文创产品，提升产品品质和附加值，建立文旅产品体系是一项基础性和长期的工程。同时，针对目前的产品，也需要创建合适的消费语境，挖掘产品背后的故事，提升产品的情感温度，不能简单地把产品摆在地摊上售卖。例如，在淘宝上小有名气的农产品牌——维吉达尼。"维吉达尼"是维吾尔语"良心"的意思，无论在维吉达尼的淘宝店铺，还是微博、微信上，创业者希望把农户的故事融入至产品中，每个产品都蕴含着一个故事。在店铺成立之初，维吉达尼以农户实名发了几条微博，同时得到演员姚晨，360集团创始人、董事长周鸿祎等微博的转发，刚刚成立的维吉达尼知名度迅速提升，维吉达尼也被打造为一个有温度、有情怀的品牌。现在，维吉达尼在新疆有大约500家合作农户，从互联网上重复购买的客户约3万人，农民和农产品消费者之间成了一个温暖的社群。

文旅产品的销售要有品牌意识，要根据自己的市场定位做好品牌的设计和运营，建构自己的消费群体。文旅活动本身以及文创产品的销售，都是游客建构自己身份认同的过程。从文旅供给侧来讲，开发者建构目的地形象和产品特征，吸引旅游者的注意力和旅游兴趣。越是有特色的文化符号，越能吸引消费者体验的冲动并提升体验的满意度，旅游地越来越倾向于满足人们生活方式的诉求，如悠闲、浪漫、刺激，这些都满足了人们通过消费象征性地建构自己身份的需求。因此，产品营销方面同样需要创建适合文旅项目定位的消费语境，产品在地摊、超市、主题园区等不同语境下销售，会给人带来截然不同的消费体验，也会给人差别迥异的身份认同感，从而影响游客对文旅项目的整体评价。

表 1-2 2019 年榆阳区杏花节主要活动

活动主题	活动内容	时间	地点
杏花节启动仪式	文艺表演	4月5日	赵家峁
忆童年·春游活动	打沙包、踢毽子、拔河、跳绳等	4月6日	杭庄新农村
"春耕文化"体验活动	参观体验春耕过程	4月5日～4月30日	清水沟景区
旅游文创产品展销	剪纸、木雕、泥塑、文创产品	4月5日～4月30日	清水沟景区
民俗文化展演	榆林小曲、二人台、小戏、小品	4月5日～4月7日、4月13日～4月14日	清水沟景区
少儿文艺汇演	少儿舞蹈、歌曲、小品	4月6日	赵家峁
杏林乡村民俗音乐会	陕北说书、榆林小曲、三弦、二胡、板胡、马头琴等表演	4月5日～4月7日	杏树岭景区
"榆阳风情"农特产品展销	杏类加工产品、农产品、手工艺品等	4月5日～4月30日	赵家峁、杏树岭
"舌尖·美食"活动	各地特色小吃	4月5日～4月30日	杏树岭、赵家峁、赵庄、杭庄、清水沟
摄影采风活动	摄影采风、作品展览	4月5日～4月30日	古塔
"杏花·印象"杏林网红直播及才艺展示活动	直播与才艺展示	4月6日	杏树岭景区
山地自行车越野活动	自行车越野	4月7日	三鱼路古塔段
杏林穿越活动	徒步穿越（15千米）	4月14日	古塔
"老家记忆·难忘乡愁"景区体验	玻璃栈道、空中滑索、森林穿越等	4月5日～4月30日	赵家峁、赵庄
卧云山景区体验	参观植物园、大秦帝国天文观象台等	4月5日～4月30日	卧云山
儿童游乐活动	儿童游乐项目	4月5日～4月30日	杏树岭、赵家峁

第三节 补浪河女子民兵治沙连及文化类文旅资源的开发

补浪河女子民兵治沙连位于榆阳区大水湾村。西邻曹家峁村，南接补浪河村，东北接省不扣村。南北长 2.45 千米，东西宽 1.4 千米，总面积 4400 亩，土地权属为集体所有。

建连初，54 名平均年龄只有 18 岁的姑娘组建成补浪河女子民兵治沙连的前身"长城姑娘治沙连"，开启了治沙造林的艰难征程。截至目前，补浪河女子民兵治沙连累计推平沙丘 800 多座，营造防风固沙林带 35 条，修引水渠 35 千米，打机井 36 眼，种植 900 多亩畜草、420 多亩花棒等沙生植物，种植经济林、彩叶林各 300 亩，栽植樟子松 3000 亩、柳树和杨树 35 万株，治理荒漠 14400 亩，和当地群众一道在荒滩大漠上建起一片片沙海绿洲，已成为榆阳生态建设的一张响亮的名片，是军地共建的一个典范。

图 1-3 治沙连生态林区

一、补浪河女子民兵治沙连文旅取得的成果

（一）建成国家 3A 级景区

补浪河女子民兵治沙连结合自身定位及地理区位条件，将文化、观光、休闲融合在一起，建成集红色教育基地、科普教育、观光游憩和农业、林业、牧业、治沙、科技示范为一体的综合性红色生态观光旅游 3A 级景区。按照治沙连的总体规划，治沙连将深度挖掘治沙精神内涵，进一步建成红色教育区、打靶训练区、拓展训练区、生态园林景观区、设施农业观光区、生态特色养殖区、观光旅游区、拥军爱民示范区等八大功能区，丰富治沙精神外在表现形式，力争将治沙连打造成集党政教育、国防教育和休闲娱乐为一体的综合性爱国主义教育的精神高地。

（二）建成榆阳区爱国主义教育基地

女子民兵治沙连见证了榆阳从"沙进人退"到"人进沙退"的沧桑巨变，是榆阳历届党委政府带领全区军民艰苦创业、绿色崛起的真实写照，孕育出了"对党忠诚、信念坚定，自力更生、艰苦创业，乐观向上、无私奉献，团结协作、创新进取"的精神品质。这种精神是延安精神的传承与发展，是榆林治沙精神的重要组成部分，是榆阳人民宝贵的精神财富。治沙连已经成为榆阳区干部教育培训基地，作为思想政治建设的活教材、党性党风教育的大课堂，弘扬社会主义核心价值观的重要平台，成为爱国主义教育、革命传统教育、国防教育和青少年思想道德教育的重要基地。2018 年，以连队的感人事迹为原型创作的电影《大漠巾帼情》在影院上映，感动了无数干部群众。2019 年 4 月 16 日，央视《朝闻天下》节目"壮丽 70 年 奋斗新时代"专栏以《补浪河女子民兵治沙连：誓叫沙海变绿洲》为题，播出了榆阳区补浪河女子民兵治沙连代代传承榆林治沙精神，为再造山川秀美新榆林不懈奋斗的光辉历程和感人故事。

二、主要经验

紧紧围绕自身定位及地理区位条件，以治沙精神为核心，打造文旅融合的样板工程。整个景区分为三大基地：红色教育基地、军事拓展训练基地及生态观光旅游基地，将文化、观光、休闲融合在一起。

红色教育区分为女子民兵治沙连展览馆和三代营房实景图。其中以展览馆为主，整个展览馆共分为创业篇、传承篇、荣誉篇、精神篇和展望篇五个篇章，全景再现了女子民兵治沙40多年的沧桑变迁。老营区主要由三代营房组成。其中一代营房是1975年初，治沙连姑娘自己动手建造的，主要以白泥、沙柳笆子、沙柳拍子为建筑材料，2014年在原址上按原貌复建。二代营房是在一代的基础上改进修建的，属于柳笆窑洞。三代营房属于橡檩砖、坯瓦房，以泥坯、手工青砖、木材为建筑材料，其中的会议室（夜校）主要用作民兵扫盲、识字学习，由补浪河公社各大队共同筹建。三代营房主要用作红色教育基地，分为三个部分，第一部分以展示古物家什为主，煤油灯、农具，各种陶陶罐罐等；第二部分是夜校，反映女兵们时刻不忘进步学习的向上革命精神；第三部分是路遥创作体验室，体验陕北作家路遥白天休息、晚上写作的作家生活。

军事拓展训练基地分为打靶训练区和拓展训练区。其中，打靶训练区以飞碟靶场为主。景区的飞碟靶场为全市第一座双向飞碟靶场，在这里，游客可以体验军旅生活，感受榆林地方人文特色。军事训练场位于拓展训练区东侧，真人CS野战实地有彩弹真人CS和激光镭射真人CS。军事拓展训练基地有数十种训练器材，可以体验军人训练的刺激感，培养果断的行动品质。

生态观光旅游基地主要包括采摘园、农家乐、治沙成果展示等部分。占地80亩的农耕文化体验区，以开通"开心农场"的形式，让游客或家户自己耕种、管理、收获，达到体验农耕文化的目的；以胡杨为主的彩叶林100亩，致力于打造色彩丰富、极具观赏价值的生态林区，成为众多摄影爱好者和游客的天堂；以"营房—连部柳芭庵—展览馆—拓展训练场—打靶场—野战游乐—骑马体验—设施农业观光区—采摘园—农家乐—生态特色养殖区—

治沙造林成果—瞭望塔—游览植物园—百花观赏—河塘垂钓—沙漠驼铃—徒步游沙"观光路线为主的红色生态休闲观光一日游。此外，在规划区中部沙丘最高处建设一座烽火台式的放火瞭望塔（兼观景台），占地1亩，台高7.45米（连队成立的时间为1974年5月），游客登塔望远，尽览大漠风光。

三、存在的主要问题

（一）治沙连离城区偏远，近郊游未能充分发展

治沙连距离榆林市城区70千米，车程70分钟，周围村镇经济基础薄弱，沿途缺乏中继性景点，工作日和周末城区消费者前去旅游的人不多，仅在节假日有不少游客自驾前往。另有部分城区学校就近组织研学旅游，以及政府机关和企事业单位组织的参观学习等。游客数量不足制约了景区的进一步发展壮大。据统计，自2014年7月运营至疫情前的2019年2月的四年半时间内，景区接待11万的游客量，年均近2.5万人。

（二）文旅项目较多，但是核心项目体验感不强

目前，治沙连已经形成了红色教育、军事拓展训练及生态观光三大文旅主题。按照治沙连的总体规划，治沙连将深度挖掘治沙精神内涵，进一步建成红色教育区、打靶训练区、拓展训练区、生态园林景观区、设施农业观光区、生态特色养殖区、观光旅游区、拥军爱民示范区等八大功能区，形成20余个文旅项目。但是，作为治沙精神主要载体的红色教育区，观赏性不强，文化内涵挖掘不足，消费者互动体验少，其他体验性强的文旅项目如彩弹真人CS和激光真人CS却与红色教育项目形式关联多，内涵关联少。一些文旅项目的设计如空中狩猎逐渐走向高端化、时尚化，偏离了治沙精神的传达，游离于景区主题的游乐项目，容易造成与其他景区的同质化问题。

（三）项目以现场体验为主，消费链尚未形成

传统旅游业包括吃、住、行、游、购、娱这六大要素。目前，治沙连景

区收益主要集中在游、娱、吃几个方面，住、行、购方面效益低，收益差。在以近郊一日游为主的背景下，住宿方面除了研学旅游方面的需求，暂时难有较大突破。行和购方面，可以以拖拉机代替普通的景区电瓶通勤车，在挖掘和讲好治沙故事的同时开发景区产品，特别是当年治沙连姑娘种植过的农作物以及以治沙故事为背景的文化创意产品，让消费者既能在现场体验和感受治沙精神，更能把其中的故事和精神带回家里，传播给更多身边的人。

四、解决的对策

（一）挖掘项目文化内涵，围绕景区基本定位开发资源

文旅项目高质量发展不仅需要"有"，还需要"优"。在新时代旅游者不再是走马观花式的旅游，旅游过程中越来越注重文化感知度和氛围体验，打卡式的"到此一游"的旅游模式日益被"多样化深度体验"的模式所替代，新时代高质量发展蕴含着文化与旅游的充分融合和深度融合，蕴含着"诗"与"远方"的握手。旅游景区或者景点应该深入挖掘文化内涵，寻求原有旅游资源的历史和文化符号，打造有趣、有乐、有内涵的旅游模式。补浪河女子民兵治沙连应该围绕治沙精神和治沙故事做好文章，让消费者能够体验治沙过程的艰辛和现有成果的来之不易，应该充分利用女子民兵治沙连主要成员的宝贵资源，对她们进行必要的培训，发挥她们现身说教的感染力，让她们成为景区最亮丽的风景。其他各个功能区和文旅项目的开发也应该渗透治沙精神和治沙故事，将治沙精神融入整个景区的设施建设和氛围营造中，融入游乐项目的设计环节中，融入景区主题文化产品、工艺品、创意产品的开发中。

（二）主动作为，做好潜在消费者市场的培育工作

从全国范围来看，旅游的热门景点景区基本分布在交通发达地区，交通运输条件对旅游有着重要的支撑作用。从人群来看，"80后""90后""00后"逐渐成为红色旅游的消费主体，特别是"00后"旅游消费群体增长迅猛。

从经济规模来讲，红色旅游增长快，但是占旅游业整体收入比例不高，有着很大的发展潜力与发展前景。从影响因素来看，红色旅游周期性强、规律明显，出行人流量会根据市场因素和国内纪念日活动出现波浪式起伏。从政府角度而言，红色旅游逐步受到各级政府的高度重视，由于红色旅游承载着艰苦奋斗的教育使命，目的地往往被列入爱国主义教育示范基地及其他教育示范基地，各级政府可以通过讲述"红色故事"，传递"红色精神"履行自身职责与义务。由于红色旅游的导向性和指向性比较明确，治沙连除了联系政府进一步改善道路交通等方面的设施设备条件之外，还应该主动作为，做好市场的开发与培育工作。特别是针对榆林市中小学做好研学旅游的市场开发工作，开发研学课程，设计研学内容，做到一校一策、一活动一方案，使得不同学生每次研学都有新的收获。治沙连应该成立治沙精神和治沙故事宣讲队伍，主动走进学校、走进企事业单位，对景区、景点的文化内涵和文化意义、精品和亮点项目进行深入宣传，培养人们对景区、景点的文化认同和旅游兴趣，培育和壮大消费群体。

（三）加强文创产品开发，延长文旅消费链

文创产品的设计应突出其性质和功能上的特点，使之成为融历史纪念与审美愉悦于一体的产品，应以治沙精神和治沙故事为内容，以精神激励和审美愉悦为目标，以艺术风格和地方特色为手段，从而契合当代人的文化诉求和价值观念。补浪河女子民兵治沙连文创产品开发可以从以下几方面着手。

第一，英雄群体的形象化。英雄群体的精神境界与人格魅力，往往代表一个时代的高度，他们的韬略、胆识和胸襟总是为人们所敬仰。治沙连人物的形象化，可以将设计的战士形象印制在印章、瓷器等物品上，也可以制作成小型的雕像。这类纪念品能激发游客的敬仰和缅怀之情，并产生强烈的精神震撼作用。

第二，生活器物的艺术化。一些生产生活用品在历史时期发挥过重要作用，在今天已逐渐淡出人们的生活实用领域，而其模型却成为人们热衷收藏的纪念品。比如，治沙连穿的草鞋和布鞋、戴的草帽、使用的马灯等做的纪

念品,可以成为人们情感怀旧的寄托物。

第三,生产生活情景的定格化。可以将治沙连生产和生活的场景,定格成艺术化的场景,表现人物的神情,赋予浓郁的生活气息。如表现治沙连战士劳动和生活场景,可以做表现战士一碗饭、半碗沙的吃饭场面的,表现战士斗风沙运树苗的,表现战士打水井、栽树苗的,等等。这种文创产品人物形神毕肖,配以动听悦耳的音乐,生活气息浓郁。

第四,红色文化的符号化。将治沙精神和治沙故事作为装饰的元素或符号,应用于各种生活用品上,是当今文创产品开发和设计较普遍的形式。比如,在钱包、打火机、扑克牌、T恤衫等物品上,印制红五星、战士形象,从而让这些物品着上红色文化的色彩。

五、对同类型文旅资源开发的启示

(一)在深入挖掘项目文化内涵的基础上,做好文化氛围建设

榆阳区除了补浪河女子民兵治沙连等红色文化旅游资源,还有黑龙潭、青云寺等丰富的宗教文化旅游资源,另有建安堡、常乐堡等长城文化旅游资源。开发此类文旅资源,关键在于深度挖掘文化内涵,准确把握文化定位,做好关键项目的设置,丰富和营造文旅氛围,给消费者带来视觉、听觉、触觉等全方位的体验和冲击。文化旅游体验的核心目的就是让游客读懂文化并传播文化,影响其日常行为。消费升级也好,文化自信也好,文旅融合作为国家战略,需要民众读懂,并践行到日常生活中去,否则再高贵的文化都是枉然。习近平总书记在浙江考察工作时对加快发展旅游经济、建设旅游经济强省、大力弘扬优秀民族文化和民族精神,提出了"无中生有、移花接木、推陈出新"的 12 字要求。以治沙连为例,文化与旅游的深度融合,从旅游主体层面而言,融入主要文化内容如下。首先,要融入文化设施。治沙连要将治沙精神融入营房、墙体、树木、拓展训练设施等相关配套设施当中,营造文化氛围。其次,要融入文化内涵。切实提升景区文化内涵,如融入响亮的旅游促销宣传口号,各项目的艺术命名、介绍,创作景点故事、诗词歌

赋、音乐歌曲、书法绘画，开设治沙游学等文化项目。再次，要融入文化产品。旅游产业涉及游、玩、食、宿、购等，各景区、景点应加大对特色主题文化民宿、系列农副产品、工艺品等文化旅游产品的开发力度，不断提升景区的整体文化品牌效益。

（二）建立专业的宣讲队伍，有针对性地培育消费市场

如果用"诗和远方"简单概述文化和旅游之间的关系，"诗"不只包含阳春白雪，至少还包含打油诗、顺口溜；"远方"不只包含必须借助现代交通工具才能达到的地方，还包括我们生活的周边，这才是"灵魂"和"载体"的最佳结合。如何将这种理念传达给旅游消费者，让消费者感受到身边的诗意、生活中的诗意，就需要专业化的宣讲队伍。景区、景点应该高度重视宣讲队伍建设，针对文化定位和目标群体，开展形式多样的宣讲。宣讲队伍建设应该将专业化和大众化两条路子结合起来，不仅能对景区、景点的文化内涵和文化意义进行阳春白雪式的深入阐释，也能对其进行百姓喜闻乐见、形式多样的宣传。景区、景点的每一个工作人员都应该成为宣讲队伍的一员，结合自己的工作岗位进行生动宣讲。对于目标消费群体比较明确的景区、景点，应该有主动服务的意识，放低姿态，融入百姓，走进广大群众当中，用专业的宣讲和贴心的服务培育和吸引更多的消费群体。

（三）激活文旅各个环节，形成完整的消费链

传统旅游业由吃、住、行、游、购、娱这六大要素构成，目前有专家和学者提出应增加"健"的概念，即"请客吃饭不如请客流汗"的新型健康游理念。参与式、互动式旅游项目的不断推出与组合，让现代人的旅游业态得到了更新。长城主题、民兵治沙连等资源可以将健脑与健身融合推进，使文旅融合增加新的内容。以文化内容为主的文旅资源开发应该注重旅游产品的生产与消费的同步性，这类旅游产品的表现形式比较特殊，特别是具有表演性质的文化旅游资源，如民俗类、宗教类文化资源，要将表演与日常生产结合，表演要具有生活气息，要用特色来增强旅游吸引力，增加旅游区域竞

争力。同时，以文化内容为主的文旅资源开发要注重精神需求和物质需求的结合。一次完美的民俗旅游活动，不仅要满足旅游者的精神需求，也要为其提供物质基础。物质需求是保证民俗旅游顺利完成的基础，特别是餐饮、交通、住宿等基础设施必须达到基本的现代化生活水平，在此基础上满足旅游者的精神需求，为旅游者带来更多震撼性的旅游活动，这样可以加深游客印象，增加其重游概率。

（四）协调好社会效益和经济效益的关系

文化类为主的文旅资源的开发要兼顾社会效益和经济效益，要承担传承传统文化，培养国家认同、政党认同、价值观认同等重要的社会功能。特别是榆阳区补浪河女子民兵治沙连等红色文化，以及长城文化、民俗文化等，要将爱国主义教育、革命传统教育、传统文化教育与旅游活动有机结合，作为对青少年进行政治教育和思想品德教育的一种有效形式。作为文化精神载体和文化表征的文创产品，要体现出政治教育的功能，要有助于提高游客特别是青少年游客的政治觉悟，激发他们的爱国热情，增进他们的民族情感。游客通过这种文创产品的观赏，能获得人格的洗礼和收到精神的震撼，激发出积极向上的力量。特定景区、景点的文创产品，所反映的总是特定人物、特定时代、特定地域的革命事迹、奋斗历程和光辉业绩，并常常有着感人的传说或故事。文创产品不是抽象的革命符号，而是与某一个体的生命、精神和情感相关联，让游客有真切感受和直观认知的对象。

（五）完善旅游基础设施建设

榆阳区文旅融合与发展早期大多偏重于自然类资源的开发，文化类资源起步晚，基础薄弱，补浪河女子民兵治沙连交通不便，长城文化系列景点更是残破不堪，大多数长城营堡只剩下了土墩土梁，近年修复的建安堡离城区较远，而且周围没有其他景点景区相依托，很少有人为了去看建安堡专门跑一趟，这样的修复无法产生经济效益，社会效益也会大打折扣。对此类文旅资源的开发应该与国家和省文旅发展战略做好对接，做好全局规划和顶层设计，完善硬件设施和文化产品开发，形成主题性旅游线路，营造规模化效应，同时带动周边群众广泛参与，形成利益共享机制，调动更多的人参与其中，逐渐带动周边旅游消费者前来游览消费。

第四节 以"九馆"为中心的文化名城品牌建设与城市文旅融合高质量发展

一、主要成果

近年来，榆阳区加快推进文化场馆设施建设，完成张季鸾纪念馆、陕北民歌博物馆、邓宝珊将军纪念馆、陕北民俗博物馆、古代碑刻艺术博物馆、陕北红色藏品陈列馆、古代丝绸之路脱模艺术展览馆、走出家乡的榆林人展览馆、中国算盘博物馆等文化新"名片"建设，"九馆"已成为榆林古城文化资源保存、传承、创作、传播的重要平台。其中，张季鸾纪念馆建成开馆最早（2016 年 8 月 16 日），陕北民歌博物馆、邓宝珊将军纪念馆于 2018 年建成开馆，陕北民俗博物馆、古代碑刻艺术博物馆、陕北红色藏品陈列馆于 2019 年 9 月 28 日建成开馆，古代丝绸之路脱模艺术展览馆于 2020 年 5 月 1 日建成开馆，走出家乡的榆林人展览馆于 2020 年 9 月 29 日建成开馆，中国算盘博物馆于 2021 年 6 月 26 日建成开馆。虽然"九馆"开馆时间较短，但也取得了较为显著的成果。

图1-4　陕北民歌博物馆

（一）初步形成了城市博物馆群体系

榆阳"九馆"都是专题类博物馆，主题各异，各馆根据其主题特点，从专业角度收藏、展示、研究及运用藏品，拓展了榆林博物馆主题的丰富性，为游览的观众及青少年学子提供了参观学习的好去处。博物馆藏品与建馆主题密不可分，相互依托，可以小众，但又不失特色，放在特定的陈列主题里，起到升华的效果。

张季鸾纪念馆成为爱国主义教育的新阵地，也是群众追忆先贤的新场所；邓宝珊将军纪念馆从残垣断壁的废弃窑洞，成为学习历史、铭记历史、传承精神的重要场所；国家级非物质文化遗产陕北民歌有了自己的家，一座根植了黄土高原文化符号、饱含了陕北人精神基因的陕北民歌博物馆落成开馆；陕北民俗博物馆、古代碑刻艺术博物馆、陕北红色藏品陈列馆、古代丝绸之路脱模艺术展览馆、走出家乡的榆林人展览馆、中国算盘博物馆纷纷建成开放，一个个精神文化新高地如雨后春笋般拔地而起，形成了多层次、多元化的文化载体与文化遗产保护传承的榆阳区"九馆"博物馆群。

这些藏品单独的存在对大部分人来说仅仅是一个"老物件"而已，并不稀奇，也并不具备高昂的经济价值和独特的收藏价值，但当它们成为榆阳博物馆群的藏品后，其作为陕北文化的见证者，作为历史信息的携带者，作为历史事件的亲历者，在博物馆陈列组合的搭配与排列下，对博物馆的观众发挥着强大的教育意义，对传播陕北历史、分享陕北文化发挥着极大的推动作用。

榆阳"九馆"博物馆群的建成，更好地保护与传承了"榆林记忆"，推动了文化名城品牌与城市文旅融合高质量发展建设，增强了榆阳建设的精神"内核"，也把文化的自信与自信的文化洒在了这片热土上，成为榆林响亮的城市文化名片和主会客厅。

（二）硬件服务与科技含量不断升级

各馆开馆至今不断加大硬件方面的升级改造力度，持续完善公共文化服务体系，深入实施文化惠民工程，结合群众参观需求，提高展陈、展示、体验环节的科技含量，进一步丰富群众性文化活动。

陕北民歌博物馆包括八大主题功能展厅及公共配套服务功能展区。陕北民歌体验中心设有试听体验电脑，观众可根据喜好点击试听经典陕北民歌；球幕影院通过 7.5 分钟的短片，在经典民歌的旋律中，让听众如置身于黄土高原，体验陕北民歌的前世和今生；陕北民歌录音制作中心配备专业录音师、混音师，可现场为企业、个人、团体提供单曲、对唱、合唱、器乐等多种录音体验；馆内现有与陕北民间音乐文化相关的图书、手稿、影音资料等藏品共 3391 项，通过对纸质资料、音视频资料的电子化存储，实现资源的数字化、信息化；在民歌《赶牲灵》、歌剧《白毛女》等场景处应用幻影成像技术，以 3D 立体观感呈现真实场景。

张季鸾纪念馆内采用图片、实物、文字以及现代声光电等先进技术，全面展示季鸾先生的传奇人生，必将成为季鸾思想研究的新平台，成为爱国主义教育的新阵地，成为广大群众追忆先贤的新场所，成为榆阳文化旅游发展的新名片。纪念馆还以大量《大公报》历史版面对展馆进行声控式投影处理，增加与观众的互动，力求真实还原先生的传奇人生。

（三）注重内涵建设，强化品牌意识

博物馆的品牌是无形资产，附加特定的文化内涵，各个博物馆依据自身的特色与定位，在坚持以传播博物馆文化为使命的基础上，制定品牌推广策略，优化资源配置，围绕实体产品与服务型产品，从文物元素、特色展览中提炼品牌，提升博物馆的知名度，吸引更多公众关注博物馆。

在这一方面，陕北民歌博物馆做得最好。建馆伊始，陕北民歌博物馆就及时申请了"陕北民歌博物馆"品牌专利，并致力于打造社会教育基地。陕北民歌博物馆专门设立宣传教育部门与专业团队，形成"小组制"内部管理方式，以"由组到人"提供"专人专岗"的配套服务。目前，共开设有"天籁缭绕——中国民间音乐歌曲艺术赏析""传承陕北民歌弘扬中华传统文化"等互动讲座类活动，"青少年陕北民歌传习培训课堂"等体验制作类活动，及以古筝、笛子、唢呐等乐器传习体验课堂为主的趣味参与类活动共12项。同时，积极打造一支稳定专业的讲解员队伍，成立志愿者服务团队，在讲解过程中，创新性地融入民歌老师现场定点经典民歌演唱、榆林小曲国家级传承人现场表演、陕北说书及二人台、秧歌剧的小舞台展演，使民歌艺术活态化，使每一位参观者都能近距离感受民歌、融入民歌。

（四）注重"展教"结合，加强活动交流

当前，全国各地的博物馆都面临着应对新一轮科技变革和文化旅游融合的新状态，博物馆所面临的发展机遇和挑战是空前的。在此背景下，"九馆"纷纷通过丰富多彩的展览、知识性和趣味性强的社会教育活动来增强博物馆职能，激发博物馆的活力，以更好地满足广大群众的需求。

陕北民歌博物馆在日常馆藏展出的同时，通过特色讲座、尾厅临展、对外交流等形式，全方位展示陕北民歌的历史发展与独特魅力，让陕北民歌走向更广阔的空间。举办"陕北民歌博物馆杯"音乐比赛，民歌公益培训班坚

持每周六常态化演出，组建陕北民歌博物馆演出团，深入社区、校园、部队及各个社会群体，还走进景区、走向外地，先后在沈阳、北京等地进行展演，吸引了众多关注的目光。深入挖掘馆藏 IP，将党建工作、陕北民间音乐文化、科普教育、藏品研究与宣传传播渠道无缝对接，形成横向联合、纵向联动的"大传播"格局，搭建起以微信公众号、微博和官方网站为基础的"双微一网"品牌传播阵地。借助融媒体中心入驻央广网、人民网、新浪网、网易等主流官方媒体平台，打造互动性强、渗透度高、传播力广的云直播公益服务。

2020 年 4 月 8 日，陕北民歌博物馆在疫情期间创新实践"云直播"并获得良好的社会效益。本次"云直播"由本馆讲解员担任主播，馆内工作人员自编自导，在手机、电脑、平板等主流终端对展览讲解进行实时直播，同时增设观众互动板块，让观众足不出户也能畅享视听盛宴。据不完全统计，本次直播的页面曝光量超 1 亿次，播放次数 32 万次，观看人数 21 万人。相较于在 2019 年线下参观的统计人次 13 万，本次线上直播 2 小时的覆盖率已经超过过去一年的数据，且同步提供优质的讲解服务，在各大平台的评论区获得一致好评。2021 年 9 月 24 日，央视《直播黄河》走进民歌博物馆，此次直播活动，央视新闻频道、央视新闻客户端及陕西电视台陕视直播、陕视新闻媒体都进行了现场直播。

二、成功的经验

就目前的建设发展情况而言，"九馆"因为建成开馆时间较短，受各方面因素的限制，大部分博物馆正处在开馆的初始期，除传统的展陈、展示外，各类创新活动开展较少，成功的经验不太显著。相对而言，陕北民歌博物馆的经验更值得其他馆学习、借鉴。

（一）创新云直播等新媒体展览内容，打造有特色的短视频内容

增加"讲解员的一天""非遗国家级传承人的一天""陕北民歌云教学"等系列内容，通过真实记录生活影像和音乐教学，拉近与公众之间的距离。

此外，在确保重点活动的宣传基础上，根据不同节假日、纪念日和社会热点话题，策划主题宣传，传承与保护陕北民歌。

（二）积极合作资源单位，实现文化、科技、创意三融合

主动对接陕西师范大学"民族民间文化资源传承与开发利用技术集成与应用示范"研究团队，探索文化资源的价值利用和商业运营模式，开展文化资源开发利用的创新模式和公益＋商业的应用示范；主动对接陕西音像出版社，联合三届"陕北十大民歌手"，精选30首经典陕北民歌，出版发行专辑CD；主动对接榆林学院艺术学院，建立陕北民歌文化创意产品研发合作基地等。

（三）依托馆藏资源，传承和发扬陕北文化

2021年7月，创办陕北民歌传习所，由陕西省十大陕北民歌手、西部歌王王向荣弟子、陕北民歌非物质文化遗产传承人高琳负责，是融教授和传承陕北民歌、陕北秧歌、腰鼓以及民族乐器为一体的专业学习机构，以守护"传唱陕北情 传承黄土魂"的初心，本着"让每个孩子都会唱陕北民歌、了解陕北文化"的办学宗旨，在未来不断做好博物馆民歌培训交流、演绎推广等活动。

（四）加强数据库的文献支持功能

做好博物馆的资料收藏、分类建档等工作，建立数据库和实物（文字、音像、乐谱）相结合的管理模式，做到分类明细、归类保存。真正承担起以民歌为引领的集收藏、保护、展示、研究、编辑、出版、传承、发展等功能的综合性民间音乐博物馆。要顺应数字化发展趋势，加快发展博物馆新型文化业态，以不同端口输出优秀传统文化资源，实现资源共享。

三、存在的问题

（一）文物陈列展示内容及形式单一化

从陈列内容上来说，当前榆阳区"九馆"所展出的文物大多属于历史文化范畴。因此，在对其进行陈列时，多按照文物所处的年代、以时间为线索进行排列，中规中矩，偏重静态展示，动态拓展较少，缺乏新意。而且在对展览物品进行说明时，多数情况下只是简单罗列有关名称、年代方面的信息，或者增加有关出土时间或地点方面的内容，至于其他方面的信息则难以得到体现。一是展览形式比较传统，无法达到吸引观众的目的。二是对展览内容的解读较为枯燥，且通俗性不足，学究气较重，使观众在参观博物馆时容易产生身心疲惫的感受。三是展览主题不够新颖，无法适应时代的要求，难以调动观众参观博物馆的积极性。因此，使广大观众对于文物产生一种来自历史时空和文化背景上的距离感，无法从中获取理想的知识。"参观"就成了单纯的"观看"，博物馆失去了向广大观众传递知识信息的职能。久而久之，观众也会对这样的表达方式产生无趣之感。

（二）政策束缚，人才缺乏

一是外部管理体制的束缚。博物馆作为公益类事业单位，普遍存在政府管得过死、管得过细的情况，博物馆在财务管理、人事制度、业务开展等方面缺乏相应的自主权，一方面影响了创新创造能力的发挥，另一方面也不利于满足人民群众多层次的文化需求。二是内部运行体制的不足。以理事会制度为核心的现代博物馆管理制度尚未真正建立，博物馆尚未真正实现管理运营的科学化、规范化，这是制约社会力量参与博物馆发展的瓶颈所在。

公益性质决定了博物馆、纪念馆运营资金不依赖门票、文创产品等销售收入。运营资金完全源于政府，实行免费的参观制度，对额外的经济收入博物馆不能擅自支配，缺少激励机制。

专业人才队伍薄弱。博物馆专业人才的缺乏，主要是由于各地博物馆在选人用人、职称评审制度上缺乏自主权，过于一刀切，这导致了专业人才进不来，有能力的人才因为岗位限制、职称问题得不到解决的尴尬局面。人才活力未得到有效释放。博物馆从业人员的工资待遇明显偏低，导致博物馆人才流失问题日益凸显。同时，由于缺乏有效的激励机制，人员的积极性难以得到有效调动。

（三）宣传工作不到位，宣传力度低

当代博物馆具有重要的教育职能，这些教育职能的实现均依托于博物馆的内部资源。教育职能的实现需要建立在博物馆宣传工作的基础上。只有宣传才能激发公众参观博物馆、了解藏品背后故事的欲望，进而实现博物馆的教育职能。

目前，榆阳"九馆"均未建设互联网官方网站，只有陕北民歌博物馆开通了微博官网与微信公众号。"九馆"普遍缺乏对宣传，特别是利用新媒体进行广泛、便捷宣传的重视，大部分博物馆目前还是停留在传统思维层面，更多的是关注展品的陈列和展览效果，没有形成对博物馆开展宣传的意识，对宣传工作推动博物馆发展的重要性认识不够。另外，宣传方式也较为单一，主要通过传统媒体进行宣传，宣传内容固定死板，不利于博物馆宣传工作的灵活开展，公众接受起来也更加吃力，宣传效果微乎其微。其宣传时效比较短暂，大多是在展览活动后进行新闻报道，缺乏宣传的及时性，造成宣传时间短、宣传空间狭窄的局面，影响宣传效果，难以激发公众对博物馆展品的参观热情。与新媒体的整体发展趋势相比，仍有待完善之处，主要原因就是新媒体宣传所需资金投入不够，缺乏足够的经费支撑，从而影响了馆内新媒体宣传方式的改革更新，无法尽快提高博物馆的宣传教育水平。同时，各馆没有充分树立起新媒体宣传教育意识，工作人员的媒介素养也有待提高。

（四）馆藏资源研究力度有待强化

在榆阳博物馆的发展过程中，博物馆工作人员对馆藏资源的研究力度有

待提升，在馆藏文物的使用方面也存在一些不合理的地方，导致馆藏文物的历史价值、科学价值和艺术价值无法得到充分的体现。目前，"九馆"的研究投入较低，且缺乏专业的人才，难以对馆藏文物的时代价值和文化内涵进行深入研究，无法做到充分挖掘馆藏文物的价值，未能对馆藏文物的历史故事、时代价值和人文精神进行总结，整个过程对网络信息技术、现代科学技术的运用存在不足，最终出现馆藏文物"死而不活、静而不动、雅而不俗"的情况，甚至存在馆藏文物的使用简单化、庸俗化、雷同化等现象。若无法及时解决这些问题，那么馆藏文物的历史价值、科学价值和艺术价值也就无法得到体现，不利于提高博物馆的陈列展览水平。

四、对策与建议

榆阳"九馆"品牌建设要紧密围绕陕北文化研学精品课程与文创产品的设计、开发，建设数字化平台，进行全媒体宣传，打造具有社会影响力与市场辨识度的"九馆"品牌，通过研学课程与文创产品，让人们在感受、参与、体验中形成对陕北文化的认同感，并由此产生对民族、国家的归属感与自豪感。

（一）优先开发榆阳"九馆"精品教育项目

一方面，通过开发具有独特陕北地域文化内涵的精品活动，通过馆藏资源展示、演艺欣赏、专题讲座等品牌活动的静态展示与活态拓展与针对学生群体的研学精品课程开发，特别是增加沉浸式的体验活动项目，强化对博物馆的宣传和推广，对陕北文化的体验与认同；另一方面，消费者可以从承载浓郁陕北文化内容的品牌活动中了解、认识、强化对陕北文化的认知，同时，通过消费行为将陕北文化传播到每一个角落。

第一，馆内：资源展示与拓展。（1）文化非遗资源静态展示。陕北有着丰富的民俗文化、民歌文化、红色文化资源，如果有更加具有权威性和学术性的专门机构对各馆馆藏及散落民间的各种典籍及原始资料等进行全面发掘、整理、收藏及开发创新，会使陕北文化的传承不仅有学术保障，更能避免因散落于民间而自生自灭的历史缺憾。

（2）活态拓展之一：收藏和展览历代陕北民歌精品。文化复兴需要精品。精品荟萃才能谈得上文化繁荣。以"陕北民歌博物馆""陕北民俗博物馆"为积累原始素材及创作的基地，建立陕北非遗精品收藏及非遗传承人工作室，以名师带徒并为创作提供源源不断的陕北传统元素，使陕北文化人才辈出并代代相传；同时，定期举办不同时代的精品系列展览，积极推动"陕北文化传统资源的当代转换"的开发和不断创新。

（3）活态拓展之二：组织传统精品展演。以陕北非遗传承人、民间艺人为主，参观者参与为辅，定期开展陕北民歌名家名作展演、民歌精品展演、榆林小曲精品展演、陕北道情精品展演、二人台精品展演、陕北说书及陕北传统手工艺人现场展演等活动，以现场表演方式对非遗资源进行活态传播，更加完整鲜活地体现陕北文化的精神气质及艺术风貌。这不仅对于后续任何形式的品牌创造至关重要，而且现场对大众进行传统教育有不可估量的深远影响。

（4）活态拓展之三：将非遗资源编辑出版物。以民族学、人类学、文献学、历史学等专业学术理论为主导，对非遗资源进行理论研究，系统编辑陕北非遗文化经典，陆续整理出版各类文化集成文集、研究文集，为世界和后人奉献系统的、有收藏价值的陕北文化经典和文献经典。

第二，馆内外：研学精品课程开发。近年来，"博物馆热"迅速兴起，参观博物馆已经成为家庭教育的主要内容。尤其是在今年"双减"政策实施后，孩子们从繁重的课程学习中得到大幅解脱，有更多的时间和精力把眼界拓展到课堂之外，博物馆本身就具有教育属性，完全可以作为"双减"后的补位之选，为孩子们提供鲜活生动的实景课堂。

充分发挥博物馆教育功能。"双减"为以兴趣、特长和综合素质为培养方向的校外教育创设了更适宜的外部环境，同时给博物馆成为校外教育主阵地提供了机遇。博物馆要抓住机遇，必须进一步提升教育功能，加快供给侧改革步伐，一方面，在内容上深入挖掘，充分利用博物馆的展品资源优势，策划有针对性的、重点突出的原创展览，开辟定制化、个性化的研学游产品和路线，区分知识广度、深度，拓宽博物馆教育的知识内涵；另一方面，在形式上积极创新，善于借助5G、大数据、人工智能、区块链等数字技术，打造出更多"沉浸式""体验式""参与式""交互式"的优质展项，丰富观众的参观游览体验，避免审美疲劳，实现寓教于乐。

馆校联手放大叠加效应。博物馆提供了广阔的文化视野，在学校教育不能覆盖的领域、国家课程不能到达的地方，让孩子们欣赏、感悟、参与、探究人类所创造的物质文明和精神文明成果。在"双减"政策提供的机遇下，博物馆应当主动走出去，与学校加强合作，推进博物馆课程融入学校教程，根据学生的年龄段、兴趣爱好等不同需求，开发和推广兼具知识性、趣味性、体验性的系列博物馆研学课程。与此同时，可以在实践教学的基础上，评估研学效果，完善课程内容，改进研学方式，并以此汇编出版教案，将课程向更大范围推广，实现博物馆教育向深度发展。针对"双减"，特地为青少年观众打造博物馆学校，力争成为青少年的终身学习课堂。

（1）与中小学开展广泛深入的合作，完成从参观式研学旅游到体验式研学旅游的转型，改善博物馆教育宣传的结构功能。与中小学建立长效机制，举办"观前导览""小小讲解员培训班"等馆校互动活动；面向学生群体推出《研学游手册》，深度挖掘陕北文化资源，开展与传统民间体育活动融合的研学旅游项目研发，开发系列陕北传统体育、民间游戏研学课程；开展与教育融合的研学课程研发，建设一批中小学研学基地，开发以陕北民歌为主线，以黄河黄土、大漠草原、长城边塞、红色革命为主题的系列特色研学文化项目；开展与民俗融合的研学课程研发，开发系列陕北特色民俗风情体验课程，逐步形成包括文化研究课程、爱国主义教育课程、红色精神传承实践课程、文化体验课程、生态体验课程等六大部分在内的系列研学旅游课程，满足不同消费者的个性需求。

根据学生群体的年龄层次、受教育程度对主题充分细分化，充分发挥陕北民歌博物馆自身的优势资源，开展知识性、趣味性、参与性、创新性较强的体验活动，根据不同学生层级对知识的接受能力，进行有针对性的课程设计。例如：根据青少年学业学习的需求，紧密结合榆林各中小学语文、历史、地理、政治及"可爱的榆林"等课程，以陕北民歌、民俗、红色历史串联起陕北文化的其他元素，在优美动听的歌声中展示陕北的历史、文化、地理、自然、民俗方言，在这个过程中设计一系列跟青少年课程相衔接的专题探讨、互动游戏、才艺展示等活动，补充并拓展学校的课程知识，摆脱书本上空洞乏味的图文描述，以更加直观的方式了解书本上的知识，消解课业压力和课堂的紧张感，激发学生群体的学习兴趣与热爱家乡的感情。

（2）与高校深入合作，利用双方优势资源，开展针对成人群体的陕北民歌教育课程。针对高校音乐专业的大一新生，在陕北民歌博物馆开展"开学第一课"活动，以这样的方式拉开音乐专业四年求学的大幕，既有专业教育的必要性，也有文化传播、传承的可行性；针对高校非音乐专业的大一新生，也可以开展以"聆听陕北民歌，感受陕北魅力"为主题的"开学第一课"，让陕北本地学生深入了解家乡文化，强化其对家乡文化的热爱，让外地学生真切感受陕北文化的魅力，使他们成为潜在的陕北文化传播者。与高校各相关院系强强联合，集中优势力量，打造面向大学生及社会大众的陕北民歌与陕北文化的普及型在线课程资源，扩大陕北民歌博物馆的影响力。

（3）开展"爱上博物馆——陕北民歌博物馆精粹巡礼"和"民俗风·地方情——陕北民俗风情巡展"等面向更广大群体的教育活动，走出博物馆，走进学校、社区、企业；开展"印象@榆阳博物馆"画信活动、"在九馆听讲座"系列艺术课程、"听得见的历史"系列音乐欣赏、"陕北四时民俗"传统文化体验、暑期文化体验之旅等品牌教育活动，引导参与者进行直观互动的交流与体验，实现参观者从提出问题、思考问题到解决问题的完整体验，通过博物馆见证文明的实证功能，加深参观者对已有书本知识的理解，增强参观者对陕北文化的认同感与归属感。

（4）教师的培训也是博物馆青少年教育工作中不可或缺的一环。在当下的教育体制中，教师对于学生的培养扮演着重要的角色。教师作为组织者和引导者，能够带领学生更好地学习和利用博物馆资源。教师在此的作用不仅体现为对中小学生的影响力，其引导作用更为重要。当前博物馆认识到对学生教育的重要性的同时，也逐渐重视对教师的培训。参加培训的教师应系统地学习博物馆学方面的知识，同时，增强对博物馆的感性认识。博物馆的教师培训有利于学校的发展和培养师资力量，能够起到双赢共利的局面。系统了解博物馆的知识能够切身感受文物博物文化的博大精深，同时，通过类似培训的举办使博物馆与学校加强交流合作，共同推进博物馆的文化传播，推动馆校合作发展的步伐。

（二）系统开发陕北民歌文化创意产品

博物馆文创产品开发已逐渐成为政府、博物馆、社会共同认可的有效途径，为博物馆的困境突围提供了良好的机遇。文博文创的优势在于成本投入小，空间限制少，回报产出多。

全球经济一体化的出现不断推动着日益频繁的文化交流，注重本土地域文化的研究也越来越受到重视。博物馆的品牌建设如何独具特色，最重要的便是提升自身本土地域文化的独特内涵。陕北文化资源是榆阳"九馆"品牌建设的创作源泉。不论是陕北文化中的宗教文化、特色建筑形象、历史人物形象、历史故事，还是民俗文化资源、饮食文化等丰厚的地域文化资源，都可以不断地激发陕北民歌博物馆品牌建设的创作灵感，引发源源不断的设计联想，成为博物馆文化创意的不竭创作源泉。因此，汲取陕北文化资源的丰厚营养，系统开发陕北文化创意产品，把陕北文化巧妙地运用在博物馆品牌的建设与设计中，能对消费者增加吸引力与信赖感，提高品牌活动的附加价值，促进博物馆经济模式新渠道的开发。

（1）与高校、设计行业协会等社会力量达成设计联动，与全市各区县博物馆合作建设陕北文化品牌，协同开发陕北文化资源，在发挥博物馆教育功能的同时，借助专业的设计力量，结合馆藏特色、地域文化开发专属的、具有本馆特色的、高辨识度的系列文创产品。

（2）同时，还需要积极参与到文创产品的营销中去。根据参观路径和场馆陈列主题，合理布置文创产品中心和移动展示台在博物馆中的位置，消除突兀感，让参观者能自然而然地走进文创品商店。在文创品商店布设中，合理分区、分类，着力构建文化氛围，淡化商业气息，以高性价比的产品、微笑服务激发参观者的购买欲，实现"把博物馆带回家"的目的。

（3）地域文化是博物馆发展的文化之源，是博物馆文化创意产品的灵魂。首先，挖掘陕北文化的物质层面，该层面的要素与博物馆文创产品所采用的原料、加工工艺息息相关，也直接影响着参观者对产品的第一感观；第二，挖掘陕北文化的制度层，了解风俗习惯、语言文字、宗教信仰与传说故事，这是"九馆"文化创意产品设计题材的重要资源库；第三，挖掘陕北文化的精神层面，对其要素进行深刻的观察与感悟，并延伸变形至陕北民歌博物馆的文化创意产品中去。据此，"九馆"的文创产品开发需要充分利用陕北文化丰厚的资源，深入挖掘陕北民歌创作、传播，名家的历史与故事，从馆藏文物中提取人物、场景（劳动、闹红、日常生活、仪式等）、器物（村落、生活用品、农具）等元素，开发具有鲜明陕北地域特征的日常生活用品（餐具、食品、服饰、装饰品、伴手礼）、文化学习用品（书签、书衣、笔、文具袋、灯具）、娱乐游戏（陕北文化动漫，乐器、曲谱、民俗器物等拼图游戏，陕北民居、名胜古迹、革命遗址等拼装游戏）等类产品，形成以陕北文化为底蕴的博物馆品牌系列文创产品，赋予每一件文创产品一首优美的陕北民歌、一个动人故事的文化品位。针对低幼儿群体，开发陕北文化系列亲子阅读绘本：民歌故事、红色故事、名人故事、文物故事，等等。

（三）着力建设陕北民歌数字平台

网络时代，博物馆借助网络传播的力量跨越时空限制，以更多样的形式传承弘扬优秀文化，更为深入广泛地与公众进行互动交流。榆阳"九馆"要紧抓机遇，积极打造融媒体平台，在确保官网高效运转的同时，充分利用官方微博、微信公众号等各类新媒体实现信息资源的优化整合，加大宣传力度，提高社会关注度。

策划、制作、推出文物纪录片《榆林藏珍》系列短视频作品，集文物故事、立体展示、动画还原为一体，每个视频很短，约2分钟，聚焦展示文物原貌品相，辅以专家解读文物背后的故事，很适合社会大众，尤其是年轻群体随时随地近距离观赏和与文物"对话"。

数字化技术和新媒体手段推动了文博领域的高质量发展，对于文化遗产的保护、研究、传承，文博领域公共文化服务能力的提升，文化的广泛传播各方面都发挥着积极的作用。整合数字资源，推出博物馆云展览、虚拟博物馆和网上直播等，线上云展览，加大数字化服务供给，让优秀文化资源借助数字技术"活起来"，将所蕴含的价值内容与数字技术的新形势新要素相结合，实现创造性转化和创新性发展，使博物馆职能的发挥在线下和线上融通发展，合力提升文化传播效应。

将"榆阳九馆网络数字化平台"建设成为一个具有独立网址、网络链接、上传与下载功能、目录检索，集欣赏、阅读、传播、交流、研讨等于一体的视听结合、开放式数字化网络平台。博物馆开设多种专栏，采用"民族史""民歌汇""民俗品""民间志"四个大板块区域，全方位呈现陕北文化、历史文献、音视频作品及陕北民俗、陕北人物等丰富内容。

以陕北民歌博物馆为例，"网络数字化平台"建设致力于打造新媒体形式的公益性传播交流推广平台，以制作推出陕北原生态民歌、红色经典民歌为起点，着手收集、汇编、修复陕北各时期、各类型、各种演唱方式的民歌精粹；以陕北民歌网络数字化平台为载体，建立音视频数据库、文献资料中心、民歌赏析直播室；建立手机 App，制作陕北文化视频作品，开展全媒体形式交流互动，体现陕北民间的民俗风情、生活情趣，展现陕北地区的地域之美、人文之美，彰显陕北人民的爱国热情、奋斗精神。

将陕北原生态民歌制成音像作品正式发行，建立手机 App "陕北原生态民歌欣赏专栏"。把最新录制的陕北原生态民歌上传，并制作陕北自然景观与人文景观影音画面，以视听方式精彩呈现。在打造网络平台的同时，采取全媒体形式的线上、线下传播推广的形式，广泛运用网媒、电视、广播、手机等，以"聆听陕北民歌，感受国乐魅力"为主题，对新录制的陕北原生态民歌进行传播。

古人云：仓廪实而知礼节，衣食足而知荣辱。璀璨的陕北文化正刻画着陕北人的鲜活历史，增强着陕北人的文化自信。榆阳城市博物馆群，任重而道远，唯有做好传承与保护陕北文化的新前哨，才能不负使命，砥砺前行。

附：榆阳区九馆简介

一、陕北民歌博物馆

陕北民歌博物馆位于榆林市榆阳区金沙路和红山东路十字路口东北角，总建筑面积约 11800 平方米，于 2018 年 5 月 23 日正式对外开放。博物馆建设立足"全国性、唯一性、权威性"的基本定位，是一个以传承陕北文化精神、展示陕北民歌成果、普及陕北民歌知识、培养陕北民歌音乐人才、交流民歌艺术和繁荣文创事业为目标的综合性音乐类博物馆。

陕北民歌博物馆以民歌发展脉络为主线，分为六大展区：传统陕北民歌展区——千年老根黄土里埋、革命历史陕北民歌——山丹丹开花红艳艳、新时期陕北民歌——满天星星一颗颗明、陕北民间音乐——信天游永世唱不完、陕北民间音乐艺术展区、陕北民歌研究专题展区。六大展区运用图片文字、视听体验和场景复原等手段，全面展示陕北民歌的发展脉络和故事，对陕北民歌的艺术内涵进行空间升华，从而永久延续她的生命之火、艺术之光！

陕北民歌博物馆以现代文化产业运营为依托，同步规划建设的有陕北民歌数据中心、陕北民歌培训中心、陕北民歌体验中心、陕北民歌交流中心、陕北民歌录音制作中心、文创产品销售区、书吧咖啡休闲区，以及陕北民歌博物馆公益图书馆、陕北民歌传习所、陕北民歌大舞台等相关配套功能区，通过深度发掘陕北文化潜力，不断推动文化事业和文化产业同步发展，是陕北民歌艺术发展展示的崭新窗口、市民深入了解陕北民歌的广阔平台、专家学者交流研究创作陕北民歌的主会客厅、大中专艺术院校及中小学生学习和传承陕北民歌的重要场所、广大党员干部革命教育培训的基地、陕北文化旅游的重要目的地、全国最大的陕北民歌文化产业发展中心。

二、邓宝珊将军纪念馆

邓宝珊将军纪念馆位于榆林城东南 3 千米处，北瞰榆阳河，东临金刚寺，西连普惠酒厂。抗日战争时期，爱国将领邓宝珊在此处设立司令部，挖土窑三孔，取名"桃林山庄"，并由于右任先生亲笔题写。

"桃林山庄"不仅是邓宝珊将军任晋陕绥边区总司令坐镇榆林的战时司令部，更是国共合作、共同抗日的重要历史见证。邓宝珊驻榆期间，坚决拥护中国共产党抗日民族统一战线政策，与陕甘宁边区保持着和睦的友邻关系，与毛泽东、周恩来、朱德、习仲勋等老一辈革命家建立了持久的革命情谊，保障了西北大片国土的安全，为中华民族独立和解放事业做出了重要历史贡献。毛泽东称赞他"八年抗战，先生支撑北线，保护边区，为德之大，更不敢忘"。"桃林山庄"历经风雨侵蚀，原有窑洞深埋地下，旧址原貌荡然无存。2014年，中共榆阳区委、榆阳区人民政府正式启动邓宝珊将军司令部修缮工程，2018年，"桃林山庄"修复一新，邓宝珊将军纪念馆建成开馆。

邓宝珊将军纪念馆总占地面积约14200平方米，延续旧址原貌，分三级台地，从下到上由晋陕绥边区总司令部、司令部警卫连及邓友梅墓三部分组成。晋陕绥边区总司令部占地面积700余平方米，院内有镶嵌着"桃林山庄"匾额的三孔土窑和东、西厢房。三孔土窑侧重展示将军的生活起居、办公待客环境。警卫连占地500余平方米，院内通过实物、图片、雕塑等形式复原了当年的警卫连办公室、通讯室、军械库、医务室、宿舍等。邓友梅墓占地面积200余平方米。邓友梅是邓宝珊次女，15岁北上延安，16岁加入中国共产党，17岁因身患肺疾，得到毛主席关照，到榆林养病，期间肩负统战重任，向其父宣传我党抗战主张，并给延安传递重要情报。1947年3月24日，邓友梅因病离世，年仅24岁。邓宝珊将其安葬于"桃林山庄"的后山梁上，并亲笔题写"亡女友梅之墓"。

邓宝珊将军纪念馆全面展示了将军一生爱国忧民、深明大义、追求真理的思想，恪守"三民主义"的精神，坚守"统一战线"的主张，勤政为民、求真务实的大德高风。邓宝珊将军纪念馆的建成开馆不仅给后人留下了一笔宝贵的精神财富，也必将不断激励榆林人民及子孙后代不忘初心，铭记历史，为实现中华民族伟大复兴的中国梦不懈努力！

三、张季鸾纪念馆简介

张季鸾纪念馆于 2016 年 8 月 16 日正式建成开馆，位于榆林季鸾公园凤凰阁一楼，该楼为 12 层重檐仿古阁楼，北屏红山、南倚榆水、东望群峦、西据金沙，是榆林东沙新崛起的一处登高望远、怀古追先的人文景观。

纪念馆建筑面积 420 平方米，布展总面积 800 余平方米。展室以季鸾先生的一生为主线，设计为"多舛身世 飘萍学子""新闻报国 两陷图圄""文人论政 大公立言""'三骂'社评闻名天下""关注苏区 报道中共""西安事变 砥定舆论""明耻教战 警醒国人""团结抗战 功在国家""情系桑梓 归乡纪事""一代论宗 高山仰止""报界宗师 魂归故里""季鸾先生趣闻逸事"12 个板块。陈设张季鸾先生铜铸半身胸像，高 80 厘米，作为镇馆之宝。铜像底座高 1.10 米，由黑色花岗岩制成。铜像身后以本地红砂岩及大公报叠放组合造型为背景，印刻镶金字中英文对照的"前言"。

纪念馆本着简约大方、因地制宜的原则，把先生一生工作、生活过的地方，用实景再现的方法设置在展馆各个部分。展馆再现了戴兴寺寄宿苦读、天津大公报馆、重庆大公报在防空洞中办报等场景。同时，使用写真硅胶人、幻影成像、艺术造型影像观瞻区、触摸屏电子书、电子签名板、大型文化墙、巨幅油画创作等全方位、立体化的方式进行展示，对全馆进行整体规划，合理布局。本馆收集了大量民国时期实物，有老式印刷机、打印机，民国时期的报刊、老烟斗、皮箱、纸币、图章等予以精心布置，并以 1∶1 的比例复制了《三绝碑》《一代论宗》《张季鸾墓志铭》予以集中展现。纪念馆还以大量《大公报》历史版面对展馆进行声控式投影处理，增加与观众的互动。张季鸾纪念馆的建成，将成为报界宗师张季鸾先生传奇一生的最好展示平台，和全国新闻界乃至全球报界同仁观瞻先贤、追念宗师的一个重要阵地。

四、陕北民俗博物馆简介

陕北民俗博物馆展厅面积约 1800 平方米，2019 年 9 月 28 日正式对外开放。展馆深刻挖掘陕北民俗中"生存"和"生命"的文化内涵，根据展陈内容进行规划，分为序厅、第一篇章：生存之本、第二篇章：乡土之味、第三篇章：黄土之裳、第四篇章：生活之居、第五篇章：生命之魂、第六篇章：匠心之艺、第七篇章：时代之象等八大展区，全面展示陕北的传统农耕、衣食住行、民间技艺、祭祀信仰等丰富多彩的民俗文化遗产。

五、陕北红色藏品陈列馆简介

陕北红色藏品陈列馆展厅面积约 750 平方米，于 2019 年 9 月 28 日正式对外开放，展馆以陕北红军、陕甘宁边区、转战陕北、社会主义建设时期的红色藏品作为内容支撑，根据藏品类型总体布局为第一单元：烽火岁月、第二单元：革命烙印、第三单元：红色记忆、第四单元：红色文献等四大展区，全面展示了陕北丰富的红色藏品和红色革命精神财富，让陕北红色传统的基因代代相传，让陕北红色精神的理想信念不断助推榆阳经济社会大发展。

六、古代碑刻艺术博物馆简介

古代碑刻艺术博物馆展厅面积约 1350 平方米，于 2019 年 9 月 28 日正式对外开放。馆藏从魏晋南北朝、隋唐至近代 300 余块碑刻文物，不仅数量多，种类全，而且品位高、价值广，所藏碑刻综合了雕刻、书法、文学、历史，集实用性、观赏性与文献性于一体，为研究我国古代的社会、政治、经济、文化、军事、民族、宗教、科技、艺术、民俗等方面提供了翔实的资料。

七、古代丝绸之路脱模艺术馆简介

古代丝绸之路脱模艺术馆展厅面积约 300 平方米，于 2020 年 5 月 1 日正式对外开放。展馆展示的 400 多件善业泥、擦擦及擦模等古代脱模泥塑艺术品，是洒落在丝路文化带上一颗颗流散的"珍珠"；是草原丝路、茶马丝路上佛教造像艺术流传、发展的重要遗存；也是研究古代生产方法的重要历史文物，兼具艺术价值、历史价值与学术价值。

八、中国算盘博物馆简介

中国算盘博物馆位于夫子庙步行街 B 区二、三、四楼。建设总投资约 4000 万元，布展面积约 2100 平方米，展陈算盘 9999 件，是全国目前唯一一座以中国算盘为主题的博物馆。展馆于 2021 年 6 月 26 日开馆。算盘藏品从唐代到现代，时间跨度 1000 多年，材质以金银铜铁、玉石瓷木为主，形状各异，做工精致，彰显了算盘文化厚重的历史底蕴和文化内涵，展示了中国算盘在不同历史时期的生命力和影响力，体现了优秀传统文化的无限魅力和中国算盘文化的隽永与瑰丽。

九、人文馆（走出家乡的榆林人展览馆）

走出家乡的榆林人展览馆位于夫子庙步行街 C-1 区 2 楼，展厅面积 2046 平方米，分为 10 个展区。前八个展区展示的是 1997 年以来采访、收集的领导、科学家、教育家、艺术家等 700 多位人物的图文介绍和题词实物、影像资料等。第九和第十展区分别为书屋和活动大厅。走出家乡的榆林人展览馆展现了鲜活的瞬间和感人的故事，彰显了榆林人的坚强、执着和阳光自信。

未来，博物馆的高品质、精细化、体验式服务将成为"九馆"的努力方向。我们将致力于以多元文化为视角，全方位解读文物、藏品，为公众呈现更有温度的展览；以文化需求为导向，增强文化体验，做有深度的社会教育；以品牌建设为引领，深挖文物内涵，推有热度的文创产品；以为人民服务为宗旨，营造参观氛围，创有高度的服务品质。

第二章　陕西榆阳文旅融合发展的传播路径选择

第一节　文旅融合发展的榆阳模式

近年来，榆阳区文化旅游融合高质量发展取得了突出的成就，形成了"坚持生态优先、多元包容、彰显特色、创新发展"的文旅融合高质量发展的"榆阳模式"。

"生态优先"是榆阳区文旅产融合发展的战略选择。全区践行绿水青山就是金山银山的理念，推进生态文明建设，推进"全域旅游"政策的实施。无论是赵家峁田园综合体建设，还是杏花生态廊道，或者是补浪河女子民兵治沙连，都以生态发展为基础。如果没有良好的生态，也就没有文化旅游的大发展。如果赵家峁只是一片光秃秃的沟壑山梁，游客就不会从城区去荒凉中体验那些游乐项目。榆阳区从美丽乡村建设入手，把文化上旅游产业有机结合，探索出一条从"美丽环境"到"美丽产业"，再到"美丽经济"的"榆阳模式"，将榆阳区建成更加宜居、宜业、宜游的山水生态区、文化旅游的示范区。

"多元包容"榆阳区文旅产融合发展的一大法宝。陕北民歌作为陕北文化标志性符号，在全国有着很高的知名度。但是，陕北民歌也是一个在榆林、延安两地广泛传唱的音乐类文化遗产，它无处不在，又无处存在，人们想听、想看陕北民歌的时候没处可去。榆阳区高瞻远瞩地建设了陕北民歌博物馆，馆内不仅收藏了关于陕北民歌的许多珍贵藏品，也成为讲述陕北民歌故事、传承陕北民歌文化精神、展示陕北民歌发展成果、繁荣陕北民歌文创事业的高地。陕北民歌博物馆为陕北民歌安了家，成功打造了一个国家4A级景区。算盘、脱模泥塑也不是榆阳区独有，但是，榆阳区建设了中国算盘博物馆、脱模泥塑博物馆。另外，古代碑刻博物馆里也收藏着许多外地发现的碑刻，秉持多元包容的发展理念，榆阳区正成为区域文旅发展的中心。

"彰显特色"是榆阳区文旅产融合差异化发展的着力点。榆阳区位于农耕文化和边塞文化的过渡区，凸显这一资源特色是榆阳区文旅事业的关键。榆阳区按照"一心两带五区"布局，全面加快全域旅游示范区建设。"一心"即以榆林古城为中心；"两带"即横贯东西的长城文化旅游带和纵贯南北的榆溪河生态景观带。"五区"，即东部以麻黄梁、大河塔为核心的黄土风情旅游区；西部以芹河、巴拉素、红石桥、补浪河等为核心的大漠风光旅游区；南部以古塔、鱼河、镇川等为核心的农耕文化旅游区；北部以马合、岔河则、孟家湾、小壕兔等为核心的农牧风情旅游区；中部以榆林古城为核心的古城文化旅游区，形成特色鲜明、东西南北联动、点线面体并举的全域旅游发展格局。

"创新发展"是榆阳区文旅产融合发展破困解局的关键。榆阳区旅游资源在榆林市内甚至榆林周边来看并不算丰富，但是，在榆林市各县区中打造了最多的 A 级景区，这其中的关键在于创新思路、破困解局。在赵家峁发展文旅产业的最初阶段，榆阳区就开始探索"资源变股权、资金变股金、农民变股东"的农村集体产权制度改革，盘活了乡村旅游资源，促进了文旅产业的腾飞，也解决了农民脱贫致富的问题。杏花节、红叶节、油菜花节等文旅项目的兴起，同样是创新发展思路，独辟蹊径的结果，创新成为榆阳区文旅融合高质量发展的关键。

应该看到，近年来榆阳区文旅事业获得了长足的发展，积累了不少成功的经验，但同时也应该看到，和井冈山、德清、袁家村相比，榆阳区在文旅项目内涵的挖掘上、游客的口碑上、文旅项目的营销上、文旅项目的收益上有相当大的差距。榆阳区文旅融合高质量发展仍需要做好以下几方面的工作。

一是大力发展冬季旅游。榆阳区冬季长达五个月，没有冬季旅游，就失去了一年中接近一半时间的收益。人们冬季无事时常常蛰伏在家，有外出旅游的热情，但苦于没有旅游的项目。2021 年 1 月，榆阳区首届冰雪节在体育小镇启动，标志着榆阳区规模化的冬季旅游项目正式拉开，榆阳区应该抓住 2022 年北京冬奥会营造的冬季冰雪旅游大好契机，大力宣传冬奥会比赛项目，并将冬奥会比赛项目引入冰雪节，引入群众性比赛和娱乐活动，普及滑雪、滑冰车、冰壶、冰雕、冰雪摄影等深受群众欢迎的冰雪项目，完善冬季冰雪运动项目设施、交通、餐饮、住宿等配套项目，掀起冬季旅游的热潮，将榆阳区打造成周边县区冬季旅游的中心。

二是大力发展科技旅游项目。目前，国内旅游呈现年轻化的趋势，年轻人更喜欢刺激和体验感强的项目，榆阳区旅游发展应该借鉴迪士尼"飞跃地平线"、日本"情绪森林"等高人气项目的设计，利用 AR、VR、5G、人工智能等现代信息技术，打造虚拟、逼真、互动性强的旅游产品。这类产品受环境影响小，四季可游，可对青少年群体形成强大的带动作用。目前，美国谷歌公司实验室也在大力研发 AR、VR 产品，孵化高潜力的长期项目，高科技参与旅游产业将成为未来趋势。

三是大力发展研学旅游。榆阳区学校多、学生多，发展文旅事业应该充分利用这一优势，结合麻黄梁地质公园、补浪河女子民兵治沙连、长城遗址等教育意义较大的文旅资源，开发研学课程，开展研学旅游，获得经济和社会双重效益。同时，还应该注意对榆阳区工业研学旅游资源的开发和布局。如果说旅游业是一项朝阳产业的话，那么工业旅游就是刚刚露出地平线的太阳，虽然规模还不够大，但是潜力巨大。一部《你好，李焕英》带火了湖北襄阳的国营卫东机械厂等一批工业旅游项目。目前国内工业旅游项目大多集中在老工业基地，应利用工业历史遗存吸引游客来此旅游。但是，工业旅游不应该仅仅让人们看到过去我国不同时期的工业发展状况，还应该让人们预想到未来工业为我们创造的美好生活，让人们看到高精尖的工业生产和其中蕴含的工业文化、工业精神。榆阳区不仅有世界一流的高端能化基地，还有太阳能、风能等多元化的新能源基地；不仅有大漠蔬菜生产基地，还有优质饲草基地和湖羊基地，应该以研学旅游为突破口，将旅游导向工业领域，与各个产业、领域实现深度融合发展。

四是打破区县际界限、市际界限、省际界限。主动与榆林市、陕西省经济社会发展规划对接，与呼包银榆经济区发展规划、陕甘宁革命老区振兴规划、蒙陕甘宁能源"金三角"等规划对接，统筹考虑，与相关省、市、区、县实现资源共享，联合发展，不断拓展发展空间和发展纬度。

第二节 榆阳区文化旅游融合传播

文化是旅游发展的灵魂，旅游是文化传播的载体与依托。从传播学角度来看，榆阳区文化旅游传播需要在充分理解和认识旅游文化资源的基础之上，挖掘历史文化元素，制定融合传播策略，吸引更多的旅游者对榆阳区产生生动、鲜明而强烈的感知形象。

随着技术的进步以及新媒体的不断发展，现代社会的文化传播方式和路径发生了改变，丰富了文化传播的形式和渠道，使旅游文化的传播更加全面多元。虽然榆阳区拥有丰富的旅游文化资源，近年来文旅相关部门也高度重视其开发和利用，但是，由于旅游文化传播力的不足，普通大众的关注度和景区游客量还不够高，榆阳区的文化旅游资源影响力尚没有达到期望值。客观地说，在媒体融合的大背景下，榆阳区的游客量与"国家历史文化名城"的地位不相符，也反映出榆阳区文化旅游融合传播有待优化。因此，有必要在榆阳区文化旅游融合的媒体融合传播方面进行系统深入的研究。

一、榆阳区文化旅游融合传播现状

（一）文化旅游特色环境初步建立

1. 大力建设文化旅游融合发展的硬环境

在原有文化旅游设施和城市景观的基础上，榆阳区建成投用陕北民歌博物馆、余子俊纪念馆、张季鸾纪念馆、邓宝珊将军纪念馆等博物馆，逐步形成以公立博物馆为龙头、各类社会力量兴办民间博物馆和行业博物馆为补充的文物古迹保护多元体系。依托古城步行街建成榆阳小剧场、步行街豆腐传习所、拼三鲜传习所、榆林小曲传习所、陕北剪纸传习所、陕北说书传习所等一批非遗演示与传习场所。形成榆林古城文化旅游街区和夫子庙商业街区"六馆一中心"等精品文化工程以及麻黄梁黄土地质公园、青云山景区、补浪河女子民兵治沙连展览馆、榆林野生动物园、赵家峁"老家记忆"等一批文化旅游景区。通过一系列文化载体的建设，初步构建起了榆阳区文化旅游体系，提高了城市文化集聚度。

2. 着力营造文化旅游融合发展的软环境

"十三五"以来，榆阳区运用"文化＋"跨界融合思维，成功运作"大美榆阳·文化旅游系列活动"，融入了马铃薯赏花、杏树生态文化旅游、农业园区主题公园、乡村特色观光、民俗工艺展、张晓梅剪纸艺术展等一系列极具创意的新活动、新项目，"政府退出来、企业走进去、群众来参与"，形成特色鲜明的节庆旅游品牌，开创了生态旅游、乡村旅游新天地，被农业部评为"中国美丽田园"，成为陕北地区一张亮丽的文化旅游名片，策划了各具特色的农事观光、工业旅游、民俗展览、传统节庆、文化交流等活动，文化旅游产业呈现出多点开花的蓬勃发展态势，成为最有希望率先突破的朝阳产业。

3. 依托丰富的旅游资源，打造特色旅游线路

榆阳区逐步形成了长城边塞风情旅游线、沙漠军旅露营旅游线、中国美丽田园杏树生态文化旅游线、现代特色农业和能化工业旅游线、国家历史文化名城旅游线等全域旅游精品线路。同时，充分利用文化馆、星元图书楼等公共文化设施，开展非遗展示、读书、文艺沙龙等特色文化体验活动，发挥公共艺术在城市氛围营造和地方特色打造中的促进作用，增加了市场价值。

4. 开展旅游集散中心建设

榆阳区在重要旅游景点完善了信息咨询、惠民便民、安全保障等服务网点，在饭店前厅或商务中心提供本地"一日游"等短程旅游产品资料，开设

了畅通的旅游资讯服务和投诉电话，健全了导游、讲解等旅游服务，实现旅游城市、旅游线路、旅游景区咨询服务全覆盖；推进了智慧旅游建设，所有客房都提供了互联网接入服务，推动了 3A 级以上景区实现免费 WiFi、通信信号、视频监控覆盖。

5. 不断革新各旅游景点各类文化旅游标识、形成系统

文化旅游标识分为全景标识、导向标识、吸引物解说标识、教育引导标识、警示忠告标识、服务标识等。榆阳区城市标识是城市精神文化的重要载体，体量虽小，分量却重。榆阳区旅游标识系统的建立，对塑造城市形象、指导游客游览和完善城市旅游功能等起到了关键的作用，是游客认识、了解景区的重要途径，达到了引导游客、增强游客保护意识和管理游客行为的目的。

（二）主流媒体加大文旅宣传力度

打造优秀的文旅品牌，离不开新闻传播，有效的新闻宣传可以扩大城市的影响力，提升城市的综合竞争力。在文旅融合和全媒体理念不断普及的背景下，具有权威性和影响力的主流媒体可以更好地发挥自身的优势，在构建文旅融合的大传媒体系中进行有益的探索，推动地方文旅产业跨越式发展。

近年来，榆阳区"一报一台一网""两微一端"融合发展，联动宣传，全方位展示了榆阳区文旅新亮点、新成就。精心策划推出的"陕北榆林过大年"、赵家峁乡村旅游示范村、工业旅游等主题报道，多次登上《陕西日报》头版头条，《人民日报》、新华社、陕西电视台等中省媒体也进行了深度报道。近 5 年来，在中、省、市各级主流媒体刊登（播）旅游相关报道 1785 篇（条）。

2020 年以来，榆阳区媒体融合深入推进，实现"爱榆阳"App 与央视新闻移动端、新华社现场云同步直播、即时传送，全年刊发新闻稿件 1.2 万条。2021 年，榆阳区主流媒体坚持加强正面宣传，壮大主流舆论。《生活无

限》栏目制作的"榆阳旅游"全面回顾榆阳区全域旅游事业取得的成就。组织拍摄了4部扶贫微电影，其中《幸福来得太突然》荣获第五届美丽乡村国际微电影艺术节最佳故事片奖。在《人民日报》《陕西日报》和央视、省台等中省主流媒体推送重点报道447篇（条），其中《榆林市榆阳区——多措并举激活乡村振兴"动力源"》《榆阳区农村人居环境整治"咥实活"——田园乡村开启"美颜"模式》分别被《人民日报》《陕西日报》刊登，电视新闻报道《陕西榆林10万亩苜蓿迎来首茬丰收》《刷新转型升级高质量发展的"榆阳速度"》分别在中央电视台、陕西电视台播出。

出版物方面，在以"榆阳""文化""旅游"为关键字的全字段搜索数据中，有超过400种图书提及榆阳区文化与旅游。其中，主题为榆阳区文化旅游的书籍目前有近30种，多为榆阳区文化旅游资源的推荐性内容，近5年出版的约10种。2016年出版的《榆阳文库》为榆阳地方文化、文献的集大成之作，系统梳理了榆阳区历史文献、历史名人、历史名胜以及有代表性的文化现象，全书共5卷16册，近千万字，内容涵盖榆阳地理地貌、建制沿革、古迹遗存、古今人物、民风民俗、文化艺术、自然科学等众多领域，堪称榆阳区大百科全书，具有较高的史料价值和研究价值。

表1-3　榆阳区文化旅游主要书籍

书名	出版社	出版时间
榆林史话	陕西人民出版社	1989
榆林文史	榆林市政协文资料委员会	2003
榆林人	西安地图出版社	2003
整合陕北文化资源　建设榆林文化大市	榆林市黄土文化研究会	2006
榆林旅游指南	陕西旅游出版社	2006
榆林市导游词	西北大学出版社	2006
古今名人话榆林	陕西人民出版社	2007
榆林寺庙传说	西安地图出版社	2008
榆林文化人	大中华杂志社	2012
榆阳文物	陕西旅游出版社	2012
榆林万佛楼	陕西旅游出版社	2012

书名	出版社	出版时间
陕西剪纸 榆林卷	陕西人民美术出版社	2012
九边重镇 大漠情怀 榆林博物馆漫步	陕西旅游出版社	2013
榆林百年医粹	中国中医药出版社	2014
黄土文化系列丛书	陕西科学技术出版社	2015
大美榆阳文化文物旅游荟萃	三秦出版社	2015
榆林汉画像石博物馆	陕西旅游出版社	2016
我的榆林我的城	宁夏人民出版社	2016
榆林市非物质文化遗产项目汇编	西安交通大学出版社	2016
榆阳文库	上海古籍出版社	2016
陕西文化产业的发展	陕西人民出版社	2016
陕北历史文化论丛	陕西人民出版社	2016
榆林纪事	三秦出版社	2016
榆林四合院	三秦出版社	2017
榆林四合院丛书	陕西师范大学出版总社	2018
陕北榆林过大年	陕西人民出版社	2019

（三）新媒体助力文旅传播

随着移动互联网的发展与智能手机的普及，自媒体时代的到来，用户拥有了更加自主地参与信息传播的选择和机会。除了政府主导下的主流官方媒体以外，商业媒体、社会团体或组织、相关领域的专业人士乃至普通民众，都可以在技术的引导下，参与新媒体平台的旅游文化传播。

从信息传播主体的内容生产上看来，主要包括专业生产内容 PGC、用户生产内容 UGC 以及商家生产内容 BGC，其中，用户生产内容是新媒体时代最鲜明的标志。这一部分的发展弥补了专业生产内容（PGC）主体的不足，也使得传播主体愈发多元。

虽然在新媒体背景下，游客参与内容生产和传播的门槛较低，但如何激发游客主动参与的积极性，成为较为棘手的问题。目前在榆阳区的文旅资源传播过程中，虽然也有一些非政府性的商业组织以及游客个人主动传播，但其中的主要支撑力量，依然是在以地方政府为主体的专业生产内容主导下进行的。

榆阳区文化和旅游文物广电局注重政务新媒体建设，形成了"榆阳文旅文广"官方微信公众号、"榆阳文旅文广"微信视频号和"榆阳文旅"抖音号、微博账号等新媒体矩阵。"榆阳文旅文广"微信视频号发布的"马合镇河口水库"单条视频点赞数超 3600。"榆阳文旅"抖音号粉丝 4.2 万，获赞 185.3 万个，截至目前发布作品 64 个，形成"榆林老城故事""榆阳非遗""榆阳去哪儿""榆阳文旅活动视频"等四个合集。其中，"榆阳去哪儿"合集更新 26 集，总播放量 101.7 万；"榆林老城故事"更新 24 集，总播放量 114 万。

除了政府主导组织的宣传和传播活动，拥有一定粉丝基数的"博主"及普通用户的内容分享的比例也在逐渐上升，影响力日渐增强，这是自媒体发展的一大趋势和景观。浙江大学韦路教授将媒体融合分为五个层面，又将其中的主体融合分为生产者内部融合、消费者内部融合以及生产者和消费者之间的融合。新媒体发展加快了生产者和消费者之间的融合，传者和受者、专业者和业余者的界限被逐渐模糊，曾经的消费者可能会成为生产者，传播榆阳文化旅游资源，在旅游文化融合传播中起到补充作用。

普通用户往往利用社交媒体平台，如微博、抖音、快手、小红书平台进行内容分享。如今的社交媒体平台往往兼备搜索关键词的功能，同时利用算法分发、GPS 定位等场景化应用和技术手段进行内容推送，可最大限度地满足用户的个性化需求，精准传播旅游文化。比如，在微博平台中，以"榆阳""旅游"等为关键词进行检索，就可以看到相关微博内容，以及普通用户参与的互动回复等话题讨论，也可以检索到以"榆阳"这一定位公开发布过的微博，通过其他用户的微博中的文字、图片及视频等形式，多角度、多层次、更全面地了解榆阳旅游文化。同时，很有可能会使受者和传者进行身份转换，开始进行下一轮的社交媒体用户对榆阳旅游文化的传播。

这其中，抖音博主、榆阳本地网红等用户就是榆阳旅游文化传播的重要力量，他们生产的某些"爆款"内容，会在非常短的时间内引爆流量，为景区带来极大的关注度。例如，抖音博主"吃玩榆林"制作的"去哪玩""有活动"等系列短视频，推荐了榆林野生动物园、"中能文化创意产业园""溜溜音乐节"等榆阳区文旅项目和活动的旅游短视频。"榆林攻略"制作的榆林文旅短视频系列目前更新到第 8 集,每集内容不到 1 分钟,合计播放量超过 100 万。另外一个游玩系列视频因为介绍了"渡渡美术馆""麻黄梁黄土地质公园"等网红热门景点,而吸引众多网友观看和讨论,播放量近 400 万次。以上二者均为社交媒体平台粉丝数近 50 万名的知名博主,粉丝基数、粉丝活跃度等指标均较好,他们在社交媒体平台发挥着意见领袖的作用。当他们发布高质量内容时,会引起很高的关注度,并通过平台中粉丝的点评赞等互动功能形成裂变性,达到极大的传播影响力。

同时,除了热门"大V"之外,文旅资源附近的居民、景区内的工作人员、相关手工艺品制作人员及销售人员也是榆阳文化旅游的传播主体之一。例如,居住在榆林古城文化旅游街区内的居民除了通过语言或文字向游客介绍榆阳美食、老街古建筑等以外,他们本身的言行举止、生活习惯等也是榆阳区所蕴含的民俗文化的直接体现。

(四)文创产业方兴未艾

文旅与文创的同频共振让榆阳区不断创新旅游打开方式。近年来,榆阳区推出一批文旅文创项目,既是大力实施文旅文创融合战略,推动文旅文创成为支柱产业的现实需要,也是立足自身优势所做的重要战略选择。

2019 年 4 月,陕文投集团榆林文旅公司携手陕西中能煤田有限公司,启动中能文创园建设项目,在保留中能榆阳煤矿原有厂房、办公楼基本结构的基础上,对建筑进行改造、装饰,注入新的文化创意产业元素,最大限度地提升建筑的空间价值。作为榆林文旅产业转型升级的新尝试,中能文创园不仅实现了文化旅游与工业的牵手,也开启了焕活工业遗存的创意旅程,为探索工业转型升级、推动城市文化产业高质量发展迈出了重要一步。

榆林传媒中心高度重视文创产业发展,利用自身的媒体深度融合优势,已连续承办两届榆林文化创意设计大赛,取得可喜成效,起到示范效应。2021 年浙江义乌举办的中国旅游商品大赛上,由榆林传媒中心选送的"镇北台煤化艺术品",以煤和新型活性炭为原料,还原了万里长城第一台——

镇北台的原始风貌，兼具实用功能和观赏价值，可用作香薰、笔筒、砚台、镇纸，还可净化空气。该作品荣获大赛金奖，是陕西省今年在此大赛上获得的最高奖项，也是榆林文创产品获得的最高奖项。获奖证明了"从一块煤到一件艺术品"的文创发展之路是可行的，有力助推了榆林文化产业发展。

旅游商品是旅游产业的基础要素，是实现旅游经济效益的有效途径。榆阳区始终高度重视，推动旅游商品研发创新，树立榆林旅游商品品牌，展示榆林特色旅游文化。2021年9月，在中国旅游协会、四川省文化和旅游厅、乐山市人民政府举办的"2021中国特色旅游商品大赛"中，榆林市参赛旅游商品榆林老闫家低盐南瓜子系列（榆林市老闫家食品有限公司）和《吉祥》石雕纪念品（榆林万氏文化产业有限公司）喜摘2银，继2019年中国特色旅游商品大赛获1银3铜、2020年中国特色旅游商品大赛获1银成绩后再创佳绩。

2019年，榆阳区文旅文广局举办了首届"大美榆阳"杯旅游文创产品大赛，参赛作品形式多样、设计新颖，将传统文化与现代工艺相结合，既包括石雕、剪纸、泥塑、界画、编织、瓷器等传统的手工艺作品，同时还有手机壳、钥匙链、挂饰等创新小产品，充分展示了榆阳深厚的文化特色和独特的非遗技艺。大赛的举办进一步提升了榆阳特色旅游文创产品品牌，促进了榆阳旅游文创产品创新，推动了榆阳旅游文创产品快速发展。

（五）城市品牌效应初显

品牌建设是旅游目的地塑造本地鲜明旅游特色，在众多竞争对手中脱颖而出的重要手段。城市旅游品牌是城市旅游外形和内涵在公众头脑中结合成的形象和认知，是城市旅游资源中精神文明和物质文明的高度概括。全国主要旅游城市都提出了旅游品牌建设策略，并通过多样化的手段进行传播，以提升当地旅游竞争力。近年来，榆阳区整合各种宣传力量，利用多种手段，立足全国视角，拓宽传播渠道，创新传播方法，积极向国内外宣传、推介榆林，形成全方位、多角度、多层次的宣传格局，不断提升榆阳区的"软实力"。

2018年，人民日报社、中国品牌建设促进会指导，人民日报《中国城市报》社等单位评选"中国城市品牌评价（地级市）百强榜"，在参与评估的 298 个地级市中，大美榆林名列第 25 位，位居陕西省首位。品牌城市是按照《品牌评价城市》国家标准和国家部委官方数据计算出来的前 100 位城市，它有 9 字特点即"张五宜、国际范、讨人喜"。五宜是宜居、宜业、宜学、宜商、宜游；国际范指城市发展要有世界格局和眼界。

2020 年，榆林市召开"榆林城市品牌传播"主题采访座谈会。《财经》杂志、《经济观察报》、今日头条、澎湃新闻、界面新闻等新闻媒体负责人、资深记者及自媒体人齐聚一堂，为榆林市城市品牌建设出谋划策。

在西安、北京等地举办的文化产品推荐会，通过搭建文化产业交流合作平台，积极宣传推介榆林文化产业发展战略、资源优势、产业基础、重大项目、优惠政策及营商环境等，促进文化产业资源、资金、人才、技术等市场要素集聚整合，助力榆林文化产业高质量发展。榆林市文旅局、榆林羊老大旅行社等单位和企业推介招商项目，内容涉及文旅产业、精品旅游线路等。

城市形象宣传片《魅力驼城 大美榆阳》《鸟瞰榆阳》等，呈现榆阳区近年来在文化旅游、能源化工、城镇化建设、生态建设等方面取得的成就，展示了榆阳区形象正在从"黄土高坡、羊肚子手巾三道道蓝"向"碧水蓝天、现代化宜居城市"逐渐转变。

为了庆祝中华人民共和国成立 70 周年，对外展示榆林发展成就，宣传榆林美丽独特的自然风光和灿烂悠久的历史文化，提升榆林在国内外的知名度，2019 年，榆林城市形象宣传美图精彩亮相北京天安门地铁站《辉煌的中国》成就展。在熙来攘往的北京地铁天安门东站厅、西站厅，以"建设黄土高原生态文明示范区""建设世界一流高端能源化工基地"为主题的榆林特色美景跃然眼前。

二、榆阳区文化旅游融合传播中存在的问题

（一）文化旅游传播缺乏整体与长远规划

高质量发展文化旅游事业，政府要在旅游政策和旅游市场监管等方面进

行整体性的协调与规划，优化文化旅游融合的基础设施和服务体系，创造健康温馨的发展氛围，加强整体性的营销，打造系列品牌效应。对拥有较多文旅资源的榆阳区来说，将文化旅游融合作为旅游行业发展的理念是一条全新的需要探索的道路。

就现状而言，榆阳区旅游部门围绕"吃住行游购娱"等方面对榆阳区旅游资源进行了谋划，但在充分利用本地文化资源对榆阳区旅游产业文化创新方面的规划还不够，导致发展存在短板，缺乏新意。

1. 景区规划编制的过程中，没有体现区域特色，产品风格同质化现象严重

榆阳区政府没有将本地的优势特色资源与文化旅游发展规划相融合，做出统筹性的安排，模仿其他特色旅游地区的成功措施，文化产品缺乏新意，令游客"观而不赏"。例如，榆阳区夫子庙文化旅游街区，虽集纳了"六馆一中心"，以历史、艺术为主，但整体街区设计及部分文化场馆缺乏榆阳特色，与一般旅游文化街区设计形态雷同，本地自信和艺术水准不够，在旅游规划、投入和运营上也未能充分调动民间资源和力量，品牌特色还有待提高。引入的文化产品、美食、手工艺品缺乏质量监督、源头管理和品牌意识，设计制作和销售交易空间缺少榆阳文化特征。

2. 部分景区和文化产品存在无法宣传或者宣传不到位的宣发盲区

榆阳区在旅游发展方面的规划晚、起步迟，榆阳区地方政府虽然广泛推行了各式各样的宣传活动，但游客对榆阳古城形象的认知度依旧不高。一直以来，榆阳区旅游发展的宣传推广工作主要由政府主导完成，营销形式主要有两种。

首先是"发力"，即通过参加国内多种旅游推荐会，借助发放宣传资料的形式对榆林市内的旅游文化产品进行推广，如参加大型旅游地和旅游文化评选活动，将榆阳区健康积极的文化形象传递给社会大众，吸引外来游客。

其次是"借力"，即主要借助各类在榆阳区举办的大型赛事和文旅活动，利用高质量的宣传片，招揽更多的游客。目前这两种方式见效甚微，旅游产品相对单一、文化特色不明显、旅游品牌宣传力度不够、城市形象设计欠缺等制约因素仍然严重阻碍着榆阳区文化旅游产业发展，大多数游客在选择旅游目的地时对榆阳区仍然存在建设落后、基础设施不完善、旅游娱乐性缺乏的直观印象。

3. 服务信息滞后

通常情况下，游客在决定是否去某一景区游玩前，会通过各种渠道收集旅游目的地的相关信息，全面深入地了解旅游目的地的情况，从而做出是否到那里旅游的决策。对于旅游管理部门来说，为了让游客更好地了解当地的旅游资源、管理制度，要通过各种渠道与平台发布上述信息。

目前，榆阳区旅游信息服务体系建设存在许多不足，尤其是旅游信息更新机制不完善，信息更新频率慢、链接失效、频道设置不合理，滞后的信息和数据很难向游客展示榆阳区独特的旅游魅力，也很难激发游客的旅游意愿。此外，景区信息服务设施相对落后，机场、车站和许多景区都没有建立相应的旅游接待中心，身份识别系统建设进度缓慢，不能有效引导游客，极大地降低了榆阳区的旅游体验感和旅游吸引力。

（二）文化旅游传播符号不成体系

人们认识世界是从认识符号开始的，人类的旅行及旅游活动本质是关于生命符号的追寻。人们的旅游体验质量同人们在旅游过程中对符号的感知与解读密切相关。游客只有及时、便利地感知文化旅游符号，正确地、深层次地解读文化旅游符号，其旅游过程才是有意义的，旅游产品也才能够内化为旅游者的符号化活动。总体而言，榆阳区文化旅游传播符号较为散乱，表现形式单一，缺乏整体规划意识。

1. 文旅景点的文化功能不突出

大部分的文旅景点多强调自然景观，而忽视文化内涵的呈现。从文化性角度出发，符号所处空间环境的文化特征与场所精神正是符号风格确立、元素应用的依据。对于游览空间来说，部分景区旅游符号、标识未能突出环境主题与精神。例如，赵家峁田园综合体的解说标识采用了较为典型的现代风格，而对黄土风情的呈现并不鲜明，没有突出其宣传口号中"杏花溪谷，峁上人家"的特色；对于城市空间来说，榆林市老街、古城墙、镇北台等空间历史悠久，但景区外相关信息空间的标识风格既缺乏古朴的韵味，又散乱不统一，整体上也有不伦不类之嫌。

2. 文化符号单一

本地资源的应用不足是榆阳区文化旅游符号发展滞后的主要表现。在众多的陕北、榆林旅游项目中，有榆阳特色的文旅景点并不多。较有特色的榆阳区麻黄梁黄土地质公园，所展现的符号如沟壑地貌是人们所熟知的陕北文化符号，古柏、木屋、旧船等并未体现榆阳文化或黄土地质文化的独特性。榆阳区文化博大精深，有许多值得挖掘和展示的内容，应该打破人们印象中单一的文化符号认知，把更多深厚的、历史悠久的、互动性较强的、有生命力和感染力的榆阳文化引入到文旅开发当中。

据统计，携程、飞猪、马蜂窝、艺龙等 OTA 平台（OTA 全称为 Online Travel Agency，中文译为"在线旅行社"，即在线酒店、旅游、票务等预订系统平台统称）上的榆阳区旅游产品主要以酒店和单一景区为主，酒店占比超过 90%。游客关注度普遍较低，旅游资源单一，吸引力较差，且主要集中于镇北台、红石峡等榆林市级核心景区。近年来，榆阳区大力打造开发的赵家峁田园综合体、麻黄梁国家黄土地质公园、陕北民歌博物馆的文化旅游项目关注度极低。麻黄梁国家黄土地质公园在携程平台评论数为 23，飞猪平台评论数为 2。

通过词条组合检索可见，榆林古城、塞上古城、长城为网络曝光度最高的相关词条；其次，红色教育基地、边塞、民俗、大漠等旅游元素和羊肉、苹果、红枣、杂粮等风物特产的曝光梯度为第二梯队；而榆阳区旅游景区的曝光度最低。可见，榆阳区游客群体单一，对景区了解度不高，对周边区域的旅游辐射不足，旅游产品单一，旅游产品线上呈现整体标签化，文化符号单一，同质化严重。

3. 标识设计缺乏规划

文化符号构成要素不符合游览者的需求，不能最大限度地进行有效的信息传达。譬如，一些旅游景区（点）在入口、道路交叉口等处均缺乏必要的导引型标识与识别型标识，重要节点空间也存在解说型标识不足的现象；部分标识被周边环境的树木植被、建筑构筑以及其他牌示所遮挡；一些门牌标识尺度过小，部分解说型标识文字密集均质，重点内容排版过高或过低，这些问题均导致标识使用者浏览观察时的吃力与不便；部分内容不精练、不准确，无法满足游客出行游览的相关信息需求；标识色彩、材质、版式的选取五花八门，缺乏统一性与系统性，这就会降低游览者对游览线路把握的连贯性；部分设置较早的标识因阳光暴晒而严重褪色。

（三）品牌营销意识薄弱

21世纪的旅游业正逐步由资源时代步入营销时代，消费者在选择度假地时，除了考虑距离、时间、交通方式、旅游成本等因素外，越来越重视旅游地的品牌价值，以此凸显其生活方式和社会群体归属。在竞争日益激烈的旅游市场上，旅游目的地城市往往倾向于采用品牌化手段营销形象并实现形象的差异化。作为"历史文化名城"的榆阳区，在"乱花渐欲迷人眼"的城市旅游品牌营销活动中仍有较大的差距亟待弥补。

1. 旅游品牌系统薄弱

作为全域旅游开发目的地，榆阳区的旅游形象开发思路不开阔，大部分游客对榆阳区的旅游形象已经思维固化，不了解榆林市近几年的旅游发展，忽视了榆阳区的全域旅游资源，进而使得榆阳区地标形象模糊，城市名片不够响亮，旅游宣传主题不够突出，没有凸显出城市的旅游元素。

榆阳区对自身在榆林市内及陕西省内的差异化竞争优势认知不清，营销主题缺失，缺乏明确的旅游定位和宣传口号，难以将榆林厚重的边塞文化积淀概括其中，从而无法在游客头脑中形成明确的形象感知。

2. 缺乏立体化营销渠道，营销宣传薄弱

旅游宣传片、线下广告、宣传单等物料缺乏统一设计，形象定位太过具体，想象空间小，景点的集中突出展示，使得其他旅游资源和产品被遗漏。

整体来说，缺乏城市整体形象展示的官方平台，线上营销平台单一，榆阳虽然有"榆阳旅游"网站，但推送内容多为景区简介，与游客需求脱节。榆阳区对网络营销的重视程度不足，新媒体宣传利用率低，没有充分利用当前的旅游App、微信公众号、官方微博等自媒体平台有效宣传榆阳区文旅资源，宣传内容枯燥乏味，多为景点文字介绍和照片，未将深层的文化背景、民俗风情、趣味体验融进其中。虽然投入大量资金拍摄了榆阳区旅游专题宣传片，但受众少，内容缺乏新意和亮点，网络推广发力不足，广告效应不明显。

3. 缺乏品牌性服务，忽视在地营销

目前榆阳大型品牌性节庆活动多为观光类，知名度低，缺乏服务型、体验型活动形式。活动项目存在照搬照抄其他城市的现象，特色凝练不足，缺乏品牌高度；缺乏标准化服务体系和创新性产品，忽视游客口碑传播渠道；重视活动的常规组织、开闭幕等形式化痕迹重，资源整合、策划创意、文案写作、线上运营等环节缺失。

三、榆阳区文化旅游融合传播体系建立的路径

旅游文化传播是无形中拉动本地经济文化发展的重要途径，对其媒介战略的制定具有重要意义。对于作为旅游目的地的榆阳区来说，必须提高旅游

文化传播的意识，运用传媒提升旅游产品的文化附加值，才能够创新和凸显自己的特色，不断提高榆阳区旅游竞争力，使之发展并拥有持久的生命力。

（一）强化文化旅游传播整体规划

作为统筹规划榆阳区文旅事业的主体，榆阳区文化和文物旅游广电局应充分运用宣传手段，加大宣传频次与力度，创新宣传模式，充分展示榆阳区的魅力。这一目标的实现，需借助多元化宣传途径，利用广播、电视、报纸等传统媒体渠道和新媒体渠道，让外界看到榆阳、了解榆阳、走进榆阳，为文化旅游产业的稳定发展布好局、铺好路。

1. 凸显官方话语权优势，构建地方文旅信息服务圈

榆阳区应充分借助政府信息渠道和资源优势，依托网络各类平台的特性，形成独具特色的官方和民间沟通的良好平台，尤其是面对备受关注的公共文旅建设开发项目，应该充分利用官方信息的权威性与独家性，实现事半功倍的传播效果，在文旅传播工作中起到不可估量的促进作用。尤其是全方位崛起的"两微一站"（微博、微信、官方网站）和抖音、快手等目前最为热门的"互联网＋"平台，正在全方位地覆盖到信息传播的各方面。

其中，腾讯微信正在利用小程序、微信公众平台等渠道成为一种综合的信息服务平台，近年来，在加大政府信息公开、加强政民互动和创新政务服务模式等方面的重要性日益突出。榆阳区文旅局应高度重视政务微信矩阵建设，通过常态化运营打通"指尖上的政民对话"新渠道，及时公开发布区域旅游发展最新动态、解读最新文旅政策，回应民众最关切的文旅问题，并将购票、电子地图、语音导览等功能融入其中，同时扮演好"管理者"与"服务者"双重角色。

2. 坚持术业有专攻，建立综合的新媒体传播矩阵

在全国新媒体账号体量加速扩张的大背景下，要适时而动，利用自身的媒介、信源、渠道、素材等优势，逐步在不同平台形成完善的发布机制。

如微信矩阵账号常规运营表现十分稳定，在内容上以传递信息、提供服务性资讯为主，推文时段分布走势普遍规律性较强，可以有效培养用户的阅读习惯，加强受众对账号的依赖度。此类"弱传播强关系"的平台，要将其当作"服务大厅"和"办事大厅"，在运营中结合小程序、智能机器人等技术手段，注重以深度性和服务性做好服务。

微博矩阵账号除保持常规的信息发布外，在涉重要文旅事件、新政策出台等关键时间节点，加大发布力度，强效推动传播目的的达成。此类"强传播弱关系"的平台，将其当作"新闻发布厅"和"会客厅"，安排专人运营，在运营中注重话题性和互动性，做好粉丝关系维护工作。

短视频矩阵中，运营成熟的账号，保持日推或间隔较短的推送规律，以强调稳定曝光为主，多为部门形象宣传和主流正能量信息。因此，抖音、快手等短视频平台，则把它当作"形象展厅"和"聚会大厅"，更注重娱乐性和公益性，用影像讲好榆阳文旅故事。

综合来看，不同的大厅之间，内容互联互通、资源共聚共享，在此基础上，形成一个全渠道、全覆盖、全天候的新媒体平台运营矩阵，然后从不同平台的特性出发，不断探索完善发布模式，提高榆阳文旅的传播效果。

3. 增强文旅内容输出，打造"富媒体"传播生态

在当前网络上关于各类榆阳旅游信息过载且同质化泛滥的背景下，丰富内容表现形式、强化创意输出和原创能力是官方新媒体运营突破瓶颈，需求新发展的有效途径。

首先，丰富新媒体传播手段，除传统的文字表达外，综合运用图文结合、短视频、直播等富媒体手段。通过采取可视化表现形式，以图解、漫画、视频等形式进行政务信息传播和解读，降低阅读门槛，以生动有趣的传播表现融入民众生活。

其次，运用表情包和网络流行语，不仅可以丰富用户感官体验，还可以弱化官方新媒体刻板、高冷的形象，拉近与网民的心理距离，提升用户的阅读体验，提高受众好感度，构建官民友好关系。同时，也能扩大潜在用户群

体，提升文旅信息二次传播能力，扩大矩阵影响范围，促进传播价值点状扩散、综合提升。

最后，新媒体平台的宣传应充分发挥传播效能，形成多元层级、群体联动。可挖掘正能量网红和网络意见领袖，如"丹霞春姐""霞姐陕北美食""陕北狗蛋美食"等抖音、快手平台的超级大V，借其网络影响力，助力信息传播穿透圈层，扩大文旅信息传播纬度，也利于塑造网络意见领袖正面形象，形成双向刺激。此外，可借助信息的跨平台转发功能，分裂信息传播路径，从而实现优质化、强影响的传播效果。

总体而言，既要确保新媒体平台的精神内涵，避免娱乐化博眼球的倾向，又要提升用户关注度，扩大矩阵影响力。一方面，可引入有奖互动、趣味互动等营销模式，同时提升网络文化利用率，形成内容严肃、表达轻悦的"反差萌"，吸引用户关注兴趣；另一方面，则需深度挖掘用户兴趣，将其与政务类资讯相结合，深耕输出内容，实现粉丝沉淀，真正做到以人为本、执政为民。

4. 运用差异化优势，打造个性化文旅政务号

新媒体时代，与新媒体布局日渐扩大化同步的是，网民对政务信息的各类需求也越来越趋向于个性化。

榆阳区文旅新媒体运营可以尝试通过"互联网＋"大数据、云计算等技术对新媒体的粉丝用户进行行为习惯、阅读偏好画像分析，反思运营优点与不足，更好地提供定制化服务，满足网民个性化的政务资讯需求。

主要体现在：一是运营策略方面。通过对发布的新媒体作品内容的阅读数、点赞数、评论跟帖等分析，了解用户对不同博文题材，以及文字、图片、音视频等不同呈现方式等的动态喜好变化，及时做出运营策略的应对调整，提升新媒体作品的曝光度和用户好感度。

二是传播效果层面。通过对海量的用户行为轨迹进行数据化分析，综合勾画文旅新媒体用户的群体画像，明悉用户对不同文旅领域的偏好，同时培养忠实粉丝活跃群体，对传播效果进行评估和研究。

（二）全面建立文化旅游符号体系

旅游是一种有着丰富的符号内涵的人类活动，在旅游消费符号极大化的今天，很多旅游地更加重视自身旅游符号的传播工作。如凤凰古城从语言符号的角度切入，提出了"为了你，这座城等了一千年"的宣传口号；乌镇从"电影节""戏剧节"方面入手，通过非语言符号极大地提高了古镇旅游地的知名度等。旅游市场竞争日益激烈，榆阳区如何挖掘自身旅游特色，对榆阳区的历史文化、生态环境、风土人情等进行筛选和提炼，找出具有代表性的地方元素，将人文情怀、价值体验编制成独特的"符码"。基于视觉符号建构旅游地品牌并进行传播，形成核心竞争力，成为当下亟待解决的现实课题。

1.深入挖掘榆阳特色，完善旅游符号传播系统

在众多的文化旅游资源中提炼出具有本地特色、具有吸引力的旅游符号，是榆阳区文化旅游符号传播工作提升的前提和保障。具体可由榆阳区政府牵头对榆阳区文化旅游资源进行系统整理，就物质文化符号、精神文化符号等方面广泛征集市民及游客意见，结合专家学者的看法，提炼出具有榆阳区特色的文化旅游标志性符号，使得旅游符号传播工作有据可依，并进行文化旅游符号推介，精准定位旅游形象，对外展示榆阳区特有的文化底蕴以及旅游资源特色。

2.建立官方符号传播平台，拓宽宣传途径

除政府机构官方新媒体矩阵外，打造面向游客的榆阳区文旅传播官方网站、官方微博号、微信公众号、抖音号等，并制订相关旅游符号传播计划，形成对外符号传播的统一口径，提高外界对榆阳区旅游符号的认知度，加强游客与旅游生产者、管理者之间的互动，提升其旅游体验。加强与其他传播媒介的合作，通过与旅行社、知名媒体的合作，分地域、分季节、分市场推介榆阳。

3. 优化旅游符号空间建设

一是政府要加大资金的投入和政策扶持，加强对榆阳区文旅符号工作的重视，不断优化景区关于旅游符号建设的基础设施设备，推动形象对外传播，如在景区沿线和景区内完成旅游符号相关的标识系统建设。

二是要优化文化旅游符号传播的环境，相关部门要加强对榆阳区文化旅游符号应用的引导与监督，使景区正确有效地传播旅游符号，使旅游符号发真正发挥其作用。

三是善于借力，建立延安—榆林陕北文化旅游圈、鄂尔多斯—榆林大漠风情旅游圈观念，通过加强与延安、鄂尔多斯等周边旅游地的合作，在周边旅游地布设榆林文旅符号，补缺资源短板，形成互补态势，通过其他知名景区的带动提高对外的曝光率。

四是拓展旅游符号网络空间，提升榆林文旅符号在携程、飞猪、马蜂窝、艺龙等 OTA 平台的曝光率，丰富新媒体平台旅游元素与符号，突出文化符号。

（三）实施"多方位全覆盖"的品牌营销战略

近年来，旅游业从单一景点景区建设和管理向综合目的地统筹发展转变、从门票经济向产业经济转变，在此背景之下，全国各地发展全域旅游是必行之举。在新的格局下，构建立体传播渠道，利用"互联网＋"理念，打造旅游目的地和旅游客源地的全覆盖营销策略，激发群体多元化的旅游消费需求，是发展旅游业的客观要求。

宣传体系建立方面，应该构建以政府部门、企业组织、社区居民、旅游消费者"四位一体"的市场营销体系，形成"人人是旅游形象、个个是品牌大使"的全民营销格局。宣传方式方面，则应该充分利用数字技术、网络技术、移动技术等，制作一批实用性强、携带方便、传播性广的宣传材料。

宣传渠道方面，要针对不同市场进行市场细分，根据游客年龄、偏好及地缘分布等游客属性，设计不同的营销活动和推广渠道。为此，建立直观可见的线下展示渠道至为重要。如积极举办、参加每年的城市旅游品牌推介会、在本地以及周边主要城市的火车站和机场设立广告展示大牌、在本地景区内设立有代表性意义的宣传广告，并发动本地报纸、电视台等传统媒体进行宣传报道，同时也可以借助旅行社进行营销，发展周边游等推广渠道。

此外，针对新媒体平台的线上宣传则可以包含以下手段。

首先，以 OTA 平台推广为主。文化旅游融合从实际上来讲是在做内容的增值，也就是创新产品的过程。榆阳区文化旅游规划发展要以榆阳区内所有旅游吸引物为载体，创造有榆阳特色、符合榆阳全域旅游发展的产品，其中 OTA 承担的角色是载体功能。一方面，要与政府对接，形成行政上整齐划一的节奏；另一方面，要与游客对接，通过规划文化旅游产业链的不同环节来形成价值增值。

其次，重视自媒体的扩散功能。相对于纸质媒介、电视广告、互联网页面宣传等传统宣传途径，自媒体的传播方式让旅游项目更贴近游客，关系更加真实、亲密，需求定位也更加精准。在文旅产品的推广过程中，通过适当的引导，每一位游客都可以成为一个信息发散平台，进行信息扩散。移动信息终端的社交模式可以带来成几何倍数增长的信息受众数量，由社交圈层带来的信任感也会极大地提升景区的品牌价值和用户体验。所以，利用微信、微博等自媒体宣传平台，如小程序内的数字地图、景区指南和形象宣传片播放，都可以显著增加与游客的互动性。

应当注意，自媒体时代地域文化旅游产品的推广策略应该从多个方面进行努力。第一，现今旅游产品的推广策略应该结合自媒体营销特点，在旅游项目的网络传播营销中，根据自身特点和定位，采用多种有针对性的营销方式，准确地判断未来客源市场的发展趋势，精准地选择目标受众，策划具有新闻价值的活动话题，建立有效的自媒体传播和营销平台，遵循旅游产业自媒体营销内在机制，探索适合文化旅游产品的营销方式。

第二，地域旅游产品在文化设计的初始阶段就要将不同客源地的消费群体的文化体验方式纳入考量，塑造文化认同感和聚集感。

第三，利用技术优势，推动从物质到数字的信息时代基础设施和平台建设，为地域文旅产品的线上推广提供畅通便利的传播媒介，缩小地域之间的交流距离，并且充分利用自媒体等新兴模式，在线下和线上同步推动旅游产品的文化体验与分享传播。总之，要从技术到文化、从政府到企业、从媒介到用户等诸多环节进行综合考量，把文化驱动消费、体验带动传播的推广策略落实到位。

最后，也可以利用垂直社会化媒体组织活动，如充分发挥榆阳区文化中的地域属性，组织自驾车队、穿越毛乌素沙漠探险，以及现代马铃薯农业观光等活动，让本地及外来参与者在活动中感受到榆林的魅力，从而主动进行宣传。另外，近年来逐渐兴起的电商平台带货模式，将榆林的红枣、小米、粉条等地方特色在淘宝、抖音、快手等直播平台上售卖，间接传播榆林文化IP，从而引来潜在的旅游观光者进行观光游览。

附：2020·大美榆阳主要活动

表1-4 2020·大美榆阳区级组织的主要活动

序号	活动名称	活动内容	时间	举办地点
1	文化旅游活动启动暨麻黄梁省级黄土地质公园建设开工仪式	①启动和开工仪式；②西安美院麻黄梁写生实践基地揭牌；③国家3A级旅游景区、省级市级旅游示范乡镇和示范村、全区首批研学教育基地颁牌；④文艺表演、实地参观、风筝放飞、采风写生、摄影等系列活动	4月	麻黄梁黄土地质公园
2	"五馆一中心"研学旅游系列活动	①"走出家乡的榆林人"展馆开馆；②古代碑刻艺术博物馆《馆藏志》发行和学术交流活动；③研学旅游系列活动；④传统文化文艺展演	4月~12月	榆林古城夫子庙文化旅游街区
3	第二届风筝音乐节	①风筝展览和风筝比赛；②风筝放飞和露营活动；③文艺演出；④摄影写生活动等	5月	芹河镇
4	全国草产业大会和文化交流活动	①全国草产业论坛；②草畜产业发展科技和学术交流活动；③羊文化展示活动；④主题文化交流和文艺展演	5月~6月	榆林现代农业科技示范区

序号	活动名称	活动内容	时间	举办地点
5	"一带一路"文化旅游对外交流活动"马来西亚行"	"丝绸之路"中华优秀传统文化交流系列活动	5月～6月（举办时间根据新冠肺炎疫情防控情况确定）	马来西亚
6	首届信天游原生态歌手争霸赛暨第二届非物质文化遗产节系列活动	①全国信天游原生态歌手争霸赛；②陕北文化生态保护区非物质文化遗产保护开发研讨会；③非物质文化遗产实物展示及体验活动；④非遗传承人竞技大赛；⑤王二妮陕北民歌工作室挂牌	6月～7月	榆林古城夫子庙文化旅游街区、陕北民歌广场
7	第四届大漠马拉松比赛和群众体育赛事活动	①大漠马拉松比赛；②大漠游泳邀请赛；③群众健身体育系列赛事活动	6月～9月	榆林城区、榆林现代农业科技示范区、石峁水库、中营盘水库
8	中国农民丰收节暨第八届农民运动会	①农民丰收节系列活动；②农民运动会；③传统文化和文艺展演；④特色农畜产品展销；⑤地方特色美食体验和展销；⑥优质农产品评选和线上线下品牌发布活动	9月	区内现代农业示范基地
9	麻黄梁黄土地质公园开园活动	①开园仪式；②"探访麻黄梁、游走大峡谷"活动；③摄影写生体验活动；④走进名家基地体验活动等	11月	麻黄梁黄土地质公园
10	冰雪文化节系列活动	冰雪文化节系列活动和冰雪运动比赛	12月～次年2月	榆阳高新区李宁体育小镇等地

表1-5　2020·大美榆阳各部门和乡镇、街道组织文化旅游活动

序号	活动名称	时间	举办地点
1	文旅融合系列惠民演出活动	1月～12月	榆林城区公共文化场馆和乡村公共文化站所、文化旅游景区、景点
2	第七届榆阳好人、第四届文明家庭评选表彰系列活动	3月～12月	各基层单位，市一中弘毅楼举行颁奖晚会
3	"中国美丽田园"文化旅游系列活动	4月～6月	古塔镇"中国美丽田园"乡村文化旅游各景区、景点

续表

序号	活动名称	时间	举办地点
4	"大美榆阳最陕北"乡村文化旅游系列活动	4月～10月	夫子庙文化旅游街区、陕北民歌博物馆、赵家峁、黄崖窑、寨坬、白舍牛滩、红石桥、上盐湾、鱼河、米家园则等乡村文化旅游景区、景点
5	青云镇文化旅游系列活动	4月～10月	青云镇各文化旅游景区、景点
6	全民国家安全教育日宣传活动	4月	世纪广场
7	心手相牵·抗击疫情主题文艺作品展	4月～6月	区文化艺术中心等
8	农业主题公园和榆卜界田园综合体文化旅游系列活动	4月～10月	榆林现代农业科技示范区、榆卜界农场
9	全区首届水彩画作品展系列活动	5月～10月	区文化艺术中心、榆阳书画院
10	榆阳小论坛·今天我来讲系列活动	5月～12月	区文化艺术中心
11	中华优秀传统文化展示系列活动	5月～12月	区文化艺术中心、各公共文化活动场所
12	"大美榆阳"主题研学游活动	4月～12月	陕北民歌博物馆、邓宝珊将军纪念馆、张季鸾纪念馆、夫子庙文化旅游街区、补浪河女子民兵治沙连、赵家峁乡村文化旅游景区、军旅文化园等研学基地及现场研学点
13	"我们的节日"中华传统节日系列文化活动	4月～12月	夫子庙文化旅游街区、城乡各旅游景区、景点
14	"梦家湾"首届中国路虎英雄会暨孟家湾草滩风情旅游季系列活动	5月～12月	孟家湾乡"孟家湾"路虎营地及田园综合体、三道河则"草滩风情"乡村旅游景区等
15	"鱼儿湾"亲子帐篷节系列活动	5月～10月	古塔镇赵庄村
16	相约"乐沙戏水"活动和第七届汽车沙漠越野赛	5月～10月	红石桥乡"乐沙戏水"景区

续表

序号	活动名称	时间	举办地点
17	黄崖窑花海乡村文化旅游活动	6月～7月	鱼河峁镇黄崖窑村
18	补浪河女子民兵治沙连军事文化旅游系列活动	7月	补浪河女子民兵治沙连基地、小纪汗森林公园射击场、军旅园景区
19	第六届马铃薯赏花节	7月	榆林现代农业科技示范区，岔河则乡、马合镇万亩马铃薯基地
20	第二届木华黎蒙汉文化旅游交流活动	7月	小纪汗镇井克梁村
21	乡镇职工运动会	7月～9月	小纪汗镇、鱼河峁镇
22	第七届蒙汉金秋赛马节和刀兔乡村旅游系列活动	7月～10月	小壕兔乡刀兔村
23	第十四届镇川文化旅游周暨陈家坡村陕北民俗文化节	7月～10月	镇川镇黑龙潭景区、陈家坡村、朱寨村
24	第三届大河塔建安堡文化旅游周活动	8月上旬	大河塔镇建安堡景区
25	第三届"溜溜乡村音乐节"	9月下旬	古塔镇赵庄村
26	第七个"扶贫日"主题系列文化宣传活动	10月17日	城乡公共文化活动场所
27	"九九重阳·大爱榆阳"尊老敬老活动	10月25日（重阳节）	城乡敬老院、农村老年幸福院
28	全民读书月活动	12月	区文化艺术中心、星元图书楼、各"榆阳书屋"

第三章　榆阳区文旅融合发展及文化建设的思考

第一节　基于田园综合体建设的乡村文旅融合发展的探索与思考——陕西榆阳田园综合体建设的启示

近几年，我国乡村旅游快速发展，人们渴望从日常的操劳中解脱出来，在空闲之余去乡村体验一下休闲的生活，得到身心的放松和精神的栖息。在这种社会需求的刺激下，不少地方集中资源大力推动乡村旅游，使得乡村旅游产业取得了突飞猛进的发展，在改善旅游基础设施、吸引游客数量、提高经济收益等方面获益显著。但同时，乡村旅游同质化问题也日益突出，低水平扩张现象不断加剧，消费者的旅游获得感持续减弱，乡村旅游产业链愈发脆弱，产业风险不断上升。在此背景下，陕西榆阳区赵家峁基于田园综合体建设的乡村文旅融合发展的尝试，为化解这些问题提供了参考和借鉴。

一、乡村文旅融合发展现状及存在的主要问题

（一）乡村文旅融合发展现状

2009年7月，国务院颁布了《文化产业振兴规划》，文化产业从此上升为国家战略产业；同年12月，国务院出台《国务院关于加快发展旅游业的意见》，要求把文化融入旅游业发展的全过程，开启了文旅融合式发展。2015年，中央一号文件提出要推进农村产业融合发展，打造乡村旅游休闲产品，文旅融合发展成为乡村产业发展的主要方向。2018年，国家《关于实施乡村振兴战略的意见》《国家乡村振兴战略规划（2018-2022）》《关于促进乡村旅游可持续发展的指导意见》，2021年《"十四五"文化和旅游发展规划》不断强调和强化了乡村文旅融合的发展方向。

在国家的战略指导下，文旅融合逐渐成为乡村发展的新模式，也为乡村振兴提供了新动能。2019 年，中国旅游业接待人数 60.06 亿次，其中休闲农业和乡村旅游接待人数 32 亿人次，休闲农业和乡村旅游占国内总旅游人数的 53.28%。截至 2020 年 11 月，我国共有国家级休闲农业与乡村旅游示范县 389 个，国家级休闲旅游和乡村旅游示范点 641 个，乡村旅游重点村 998 个，全国休闲农业与乡村旅游星级企业（园区）共计 3396 家。乡村文旅正成为一种新的旅游时尚，越来越多的旅游者从都市走向了乡村，示范县—示范点—星级企业（园区）的休闲农业和乡村旅游示范体系基本建成，产业规模不断扩大，业态类型不断丰富，产业内涵不断拓展，带动效益日益增强，为乡村文旅融合高质量发展奠定了坚实基础。

陕西榆阳以建设全国文旅融合示范县区为契机，建成了麻黄梁黄土地质公园、榆林野生动物园等文化精品工程，每年举办中国农民丰收节、乡村溜溜音乐节、大漠汽车越野赛、风筝音乐节等 100 多项"大美榆阳"文化旅游系列活动，建设赵家峁"老家记忆"、孟家湾草滩风情、红石桥乐沙戏水、白舍牛滩田园综合体等一大批乡村旅游景区，极大地推动了乡村文旅产业发展。2020 年，全区共接待旅客 895.48 万人次，实现旅游综合收入 35.728 亿元，为榆阳区全域旅游发展、乡村振兴、经济结构转型升级进行了积极探索。榆阳区赵家峁作为陕西首批农村集体产权制度改革试点村，也是中国美丽休闲乡村，年旅游收入突破 1000 万元，以田园综合体模式建成了拥有现代化养殖小区、时令性水果采摘区、现代化移民小区、旱作农业示范区、杏树文化观光区及乡村旅游度假区六大功能区的"三产融合、宜居宜业"的乡村振兴示范村。

（二）乡村文旅融合发展存在的主要问题

1. 文化定位不明确，文旅产品特色不鲜明

乡村文旅的文化定位是一项复杂的工作，不仅需要全面梳理本区域的历史文化和自然资源，还需要梳理周边区域甚至全国其他地区的相应资源，从

而提出定位明确、特色鲜明、资源丰富、错位发展的文旅融合发展思路。围绕文化定位和文化主题打造旅游地标，才能促使资源汇聚，形成品牌效应，带动整个文旅产业良性循环的发展。

当前乡村文旅发展仍存在过度抄袭、模仿的现象，一些村镇没有认真思考自己的文化定位和资源优势，简单照搬外地的成功模式，结果造成了水土不服或者消费者的审美疲劳而被市场淘汰。陕西礼泉县的袁家村以关中饮食、建筑、民俗为依托，为旅游者呈现豪放、淳朴的关中文化，获得成功，走上了品牌化发展的路子，而后来效仿袁家村的民俗村大多落寞收场。当前的乡村文旅基本重复着农家乐、民俗展示、观光游乐的模式化发展，定位模糊、缺乏特色，只能被市场淘汰。

榆阳区文旅融合也存在文化定位不够鲜明的问题，从媒体宣传来看，一方面，缺乏具有冲击力的旅游宣传语；另一方面，不同媒体报道的文化定位各有不同，边塞文化、黄土文化、农耕文化、红色文化等都有所涉及，但是缺乏凝练性和统一性，分散和稀释了游客关注点。榆阳区赵家峁提出的两个旅游宣传语分别是"杏花溪谷，峁上人家"和"老家记忆，难忘乡愁"，但是，村民和游客的认知率较低，70%以上的赵家峁非旅游从业者不知道这个宣传语，80%以上的游客不知道这个宣传语。

2. 文化内涵挖掘不深入，文旅融合度低

"作为文旅产业融合主体的乡村，应该更加重视培育自身的核心竞争力，这是乡村文旅能否持续成长的关键。"在文化与旅游融合发展过程中，旅游是文化的载体，文化是旅游的灵魂，二者存在一致性，"越来越多的研究表明，文化是旅游者出游的重要动机和体验组成部分"。文化之所以具有吸引物的属性，是因为旅游者寻求获得对地方或世界的自我认知，他们在寻找自己与文化的一种内在联系，这是人们以想象的方式建构自己群体身份的途径。一个人去新的旅游目的地，他参与了探险项目，可以建立勇敢、独立的临时身份；他欣赏了古典戏曲，可以建立优雅、富有内涵的临时身份；他作为志愿者参与旅游活动，可以建立高尚、乐于助人的临时身份。旅游提供了

一种可能，旅游者可以通过个人经历来定义自己的身份，文化作为旅游者的身份符号，因而具有了吸引力。人们通过旅游消费，追求的不仅仅是生理和情感体验，还有符号象征意义。乡村文旅融合发展要合理利用物质和非物质资源，建构文化记忆，加强集体认同感，将传统村落中丰富的文化元素建构为旅游吸引物，创新文化和旅游融合发展方式。

在一些乡村文旅项目中，文化和旅游成了相互割裂的两部分内容，文化仅仅是个口号，是个噱头，是个摆设，是静态展示的内容，文化没有渗入旅游项目当中，没有形成与旅游者的互动。旅游者在消费过程中往往对这些文化项目视而不见，或者仅仅局限于一些走马观花式的浅层次参观活动。文化既不是旅游吸引物，也不是价值创造者，旅游地宣传靠文化、赚钱靠旅游的价值分裂决定了这种文旅方式没有出路、没有前途。旅游者在这里体验到的只是旅游的形式，而不是灵魂。他们在这种缺乏文化内核的旅游项目中难以找到自己的身份认同感，就像在这里吃到了一份在其他地方同样可以吃到的美食，玩儿了在其他地方也可以玩儿的旅游设施，自己新的临时性身份无法得以建立，或者只能建立一个负面的临时性身份，这对旅游者和旅游地来说，都是不利的。榆阳区赵家峁提出的"杏花溪谷，峁上人家"显现了文旅融合的努力和未来发展方向。但就当前而言，赵家峁的文旅收益主要源于玻璃桥、高空滑索、彩虹滑道等项目，"老家""乡愁"等文化主题未得到充分的挖掘和体现，也未能与旅游高收益项目充分融合，有待后期继续建设。

3. 产品设计针对性不强，消费者获得感较弱

就大的文化类型而言，每个区域和周边区域的往往没有太大差异，但是在文化细分方面，仍有许多工作可做。例如，同样是农耕文化，南方与北方不同，山地与平原不同，旱地与水乡不同，各地文化遗存不同，加上"十里不同音，百里不同俗"，对现有资源进行优化组合，针对旅游者群体特点有针对性地设计文旅产品和文旅服务，实现错位发展仍大有可为。专项调查显示，目前国内居民文化消费日常化趋势显著，周末文化休闲消费占比达到60.03%，而节假日仅占比9.82%，周末夜间文化消费占周末全天的40%，文化

消费日常化，夜间文化消费持续发力。个人游、亲子游、青年群体出游或将成为出游主力军；品质游、自驾游、精致熟人小团游将进一步受到推崇；周边短途游将成为主流。

然而，当前不少乡村文旅项目缺乏市场跟踪与数据分析，对消费者群体状况、消费偏好、消费者的心理价格定位等并不十分了解，不仅缺乏针对周末游、日常游的文旅产品，而且也缺乏相应的宣传和服务，甚至一些旅游项目只在节假日开放。乡村旅游应该根据市场变化，前瞻性地进行调整和应对，做好客流引导，开发旅游产品，升级旅游服务。利用大数据，根据消费者的年龄、性别、职业、文化程度等做好市场细分，有针对性地开发、宣传、推广中高端定制游、品质游，让不同的消费者群体都游有所乐、游有所得、游有所获。

赵家峁距离榆林市区30千米，从游客分布来看，旅游者主要为市区居民，同时覆盖到榆林市所辖的12个县区以及周边的省份；从旅游时段来看，主要是春季、夏季、秋季三个季度，尤其以假日游和周末游最为集中；从消费群体来看，亲子游、青壮年群体为消费的主要群体。由于游客数量波动太大，美食街难以维持常态化经营，工作日的游客面临吃饭的难题，赵家峁也缺乏有针对性的游客分流优惠政策，缺乏针对主要消费群体的宣传营销活动。

二、田园综合体建设与乡村文旅融合发展的互动关系

（一）"田园综合体"与"文旅"的内涵

2017年，"田园综合体"最早出现在中央一号文件中：支持有条件的乡村建设以农民合作社为主要载体，让农民充分参与和受益，集循环农业、创意农业、农事体验于一体的田园综合体，通过农业综合开发、农村综合改革转移支付等渠道开展试点示范。田园综合体是集现代农业、休闲旅游、田园社区为一体的乡村综合发展模式，是通过旅游助力农业发展、促进三产融合的一种可持续性模式。关于"文旅"，百度词条的解释是"文化旅游简称为文旅，定义是指通过旅游实现感知、了解、体察人类文化具体内容之目的的

行为过程。泛指以鉴赏异国异地传统文化、追寻文化名人遗踪或参加当地举办的各种文化活动为目的的旅游。"从这个定位来讲，田园综合体本身不是文旅项目，而是三产融合、三生融合的三农发展模式，但文旅又是田园综合体的建设内涵之一。田园综合体的基础是"田园"，田园的主要内涵是乡村以及在乡村土地上产生的诗意化的生活方式，田园必须是绿色生态的，绿色生态既指生态化的产品供给，也指绿色发展的理念，既要绿色生产，也要绿色消费，同时还要创设友好型的人居环境；综合体主要是通过一二三产业的融合，带动农业农村的全面发展和农民生活质量的提升。这里的"三产"仍然是以"农"为中心的三产，种植业、养殖业是第一产业，农副产品加工业是第二产业，乡村旅游服务业是第三产业，与"农"无关的现代化企业并不是田园综合体建设的内涵要求。田园综合体建设应以农事生产、田园风光、休闲聚集等优势乡村资源为基础，充分挖掘其中的特色文化，包括传统农耕文化和现代文化，运用现代文化创意的手段，开发观光度假、民情风俗、科普教育、休闲养生等文旅项目，实现田园与文旅的融合发展。

（二）基于田园综合体的乡村文旅融合发展的原则

2013年12月，习总书记在《中央城镇化工作会议》上提出："要依托现有山水脉络等独特风光，让城市融入大自然，让居民望得见山、看得见水、记得住乡愁。"这句话可以作为发展乡村文旅的指导原则和基本要求。这里的山水不仅指自然的山水，还指文化的山水，乡愁的表现形式是情感，内核仍是文化，乡愁文化就是现代社会形态下人们对生态文化的追求、对传统文化的怀念、对乡村生活的依恋。基于田园综合体的乡村文旅融合发展要坚持"农文旅"的基本定位，突出农业绿色化、优质化、特色化、品牌化的发展道路。山水景观打造容易，"乡愁文化"的塑造才是重点和难点，不是到了农村就有了乡愁，也不是住几间旧农舍就能感受到乡愁文化。莫干山民俗，将现代化之家安插在田园的梦里，同样让人找到了乡愁。乡愁文化是对家国情怀的一种价值认同，对传统文化的一种现代传承，需要建构能承载价值认同的旅游吸引物，也需要找到传统与现代的契合点。2021年，法国议会通过了一部"界定和保护法国乡村感官遗产"的法律条文，认为法国农村的鸡啼声、鸟叫声，教堂传出的钟声、牛粪散发的气味、牛身上的牛铃声、草地里蚱蜢和树上蝉的鸣叫声，以及法国乡下拖拉机发出的噪音、田地里农用机械运作发出的声音等，都应该被视为法国农村的自然文化遗产，写入环境法规，属于被保护之列。乡愁文化的打造可以借鉴法国模式，合理利用感官，对旅游者形成多方位的记忆冲击。赵家峁田园综合体"杏花溪谷，峁上人家"和"老家记忆，难忘乡愁"的宣传语以"杏花溪谷"为承载物，打造"家园文化""乡愁文化"。这样的定位契合传统文化快速消失的现代社会人们追求价值传承的心理需求，有较强的吸引力，而且"杏花溪谷，峁上人家"的宣传语一实一虚，能唤起人们的想象，让人们在山水田园之间去体验其中的乡愁文化。

田园综合体一般都具有位于城市边缘、交通便利等优点，田园综合体乡村文旅不仅要让居民"望得见山、看得见水、记得住乡愁"，还要让居民听得见鸟叫虫鸣、闻得到果蔬飘香、体验到旧时记忆。乡村文旅是一种慢节奏、低风险的身心体验活动，只有让旅游者的行走节奏慢下来、身心静下来，才能深切体会到其中文化的内涵和文化的魅力。一个只顾着匆匆赶路的人是感受不到路边景色的美好的，对于走马观花的人来说，各个旅游地似乎都大同小异，这样就会使精心设计的文旅项目效果大打折扣。对于赵家峁这样旅游峰谷反差特别大的乡村文旅项目，文旅低谷期要做好宣传营销和游客引流；旅游高峰期应该建立交通、餐饮、项目等待的预警机制，可以借鉴现代餐饮的排队模式，用手机小程序离场排队、为现场排队的游客提供免费的简餐服务、排队超过一定时间有礼物相送等方式缓解旅游者的等待焦虑。要为旅游者提供优质的服务，不要忽视旅游者的抱怨和批评，应该将其作为改善服务的切入点，要建立旅游者意见收集和文旅服务改进机制，让旅游者找得到乡愁，也带得走乡愁。

（三）基于田园综合体的乡村文旅融合发展的关键点

田园综合体的思考原点是解决中国乡村的发展之路，解决城乡差距问题。解决城乡差距的根本在于发展乡村产业，但是，多数乡村可以发展的产业选择不多，较有普遍性的只有现代农业和旅游业两种主要方式。农业发展带来的增加值是有限的，而旅游业的消费主体是城市人，增加值潜力巨大，因此，旅游业可作为驱动性的产业选择，带动乡村社会经济的发展。发展田园综合体要注重用城市因素解决乡村问题，创造城市人的乡村消费，增加城乡互动，了解旅游者的消费心理和消费需求。2019 年，中国全年实现国内旅游总收入 5.73 万亿元，其中，休闲农业和乡村旅游实现营业收入 8500 亿元，营业收入占比 14.83%。这一方面说明乡村文旅的一个特征：低消费、高享受。如果将其定位于与传统的都市游相同的消费水平，则会影响消费者的消费体验，大多数消费者并没有做好准备消费与一二线城市旅游相当的钱去体验乡村旅游。目前赵家峁已建成运营的 15 个文旅项目，只有从 2021 年 7 月份至 12 月份临时实行通票制，通票价格为散客 218 元，团体票 138 元，而且通票制的新举措宣传不够，大多数游客并不知道有通票。如果没有通票制，游客体验全部 15 个项目需要花费 520 元，而且每个项目只能体验一次。这样的价格比起上海迪士尼都高了不少，来赵家峁旅游的人几乎每个人都感叹"太贵了""玩不起"，游客认为比较合适的玩一天的价格普遍在二百元左右。

面对全国乡村文旅普遍收益较低的现状，做好乡村文旅工作就要不断挖潜，培育新的消费点，提升文旅品质，增加文旅收益。以田园综合体为基础的乡村文旅融合发展应该抓住三个关键点：乡村性、地方性、创造性。乡村文旅项目应该围绕乡村特点来打造，瓜果采摘、农耕体验、农家乐、乡村民宿、花海观光等项目虽然是屡遭诟病的普遍化、重复化的内容，但是这些项目也是文旅融合发展的基础。只要融入适当的文化和创意亦可焕发光彩，相反，将城市的游乐设施和经营模式甚至房地产开发模式大规模照搬到乡村，才是偏离了乡村文旅的主题，乡村文旅也会因此失去生命力。乡村文旅还应该保持其地方特色，"中国传统的乡村社会是富有'地方性'的社会共同体，它有着自身的社会形态和社会秩序"，无论是旅游项目与传统文化的融合，还是与现代文化的融合，要获得旅游者的认同都要考虑到其地方特色，这种文化应该是与当地百姓生产生活密切相关的、大家喜闻乐见的文化，外地文化可以引入，但不应该成为主流。当前乡村游日常化的倾向和趋势也要求乡村旅游必须紧紧抓住本地的旅游者，增加文旅产品的黏着性，让旅游者的旅游活动成为常态的生活内容。乡村文旅还应该富有创造性，创意是成功的关键，每一个乡村文旅项目的核心是什么、爆点是什么，在设计的时候应该结合现代技术手段大胆创新，做出自己的特色，让人耳目一新，甚至对人产生冲击力，亦步亦趋地模仿学习其他地方的做法很快就会被市场淘汰。赵家峁田园综合体应该紧紧围绕"杏花溪谷"发展绿色生态农业，并以此为基础开展农事体验、美食体验和农产品加工以及人居环境的美化，让各个游乐体验项目融入诗意化的田园当中。

基于田园综合体的乡村文旅融合发展也应该有"综合"的意识，不能将各个项目独立开来思考和运营，要进行整体组合设计，从价格上鼓励旅游者进行深度体验旅游。可以积极探索一票制、团体票制、年票制等多种形式。应该打通农事体验、果蔬采摘、农家乐、民宿等项目之间的界限，让旅游者可以在农事体验之后采摘果蔬，拿着自己采摘的果蔬去农家乐委托代做，或者去民宿自己动手做好后和家人或者朋友围坐在一起品尝，以提升乡村文旅的整体体验。

三、基于田园综合体的乡村文旅融合发展的思考

（一）田园综合体与文旅综合体融合发展的可能性

在"农业＋文旅＋生态"的田园综合体模式中，文旅只是田园综合体的一部分。这样的结构定位有助于明晰田园综合体的三大核心内容，不至于因为边界模糊而产生相互遮蔽的弊病，保证了乡村的全面发展。然而，对于"大文旅"的概念来讲，只要文化渗透进旅游要素当中，那么人们对其进行的感知、了解、体察活动，就都是文旅。田园综合体当中的乡愁文化、知青文化、红色文化体验项目属于文旅，农业生产、农业景观、农事体验融入农耕文化也是文旅项目，人居环境融入生态文化同样是文旅。"田园综合体其实质是一二三产业的'三产融合'，文化旅游农业互相渗透下的'三位一体'"。

实现田园综合体与乡村文旅综合体的融合，关键在于对田园综合体的文化赋值，让旅游者在山水草木中看到文化的存在，找到自己的身心归属。旅游者热衷于打卡式的快闪活动，并且再将打卡的结果在社交圈分享和广为传播，也是试图快速建构自己社会身份的活动，以此作为自己个人经历、人际关系、文化价值、社会地位的表征。对田园综合体的文化赋值活动存在于当下，指向的却是过去和未来。过去的文化记忆经过世代累积，形成了记忆的"场"。这种"场"成为我们理解和体察客观事物的文化视野，它以无形的方式存在于我们周边的环境当中。乡村文旅综合体就是要用特殊的方式将文化记忆凸显出来，让人们找到"乡愁"，找到自己既往的身份归属，实现身份认同。一个人追求身份认同既是一项个人事件，也是一项社会事件，旅游者参与乡村文旅体验活动，在产生个人归属感的同时，也会感受到社会的凝聚力，无形中建构起对国家和民族的认同感。因此，对田园综合体的文化赋值过程也是一项指向未来的、具有积极导向意义的价值赋予过程。

对田园综合体的文化赋值应该有三种文化的融入，即生态文化、传统文化、社会主义先进文化。生态文化是建设田园综合体乡村文旅的基础，以绿色低碳、健康环保为内容的产品设计生态化、生产环境生态化、生产过程生态化、消费过程生态化的理念要贯穿到田园综合体的方方面面，高污染、脏乱差的环境和产品是田园综合体乡村文旅的杀手。传统文化是建设田园综合体乡村文旅的内核，主张仁者爱人、自强不息的儒家文化，倡导天人合一、尊重自然的道家文化应该渗透到农业、旅游、生态建设的全过程，同时结合本地特色文化进行创新凝练，形成品牌。社会主义先进文化是建设田园综合体乡村文旅的指导力量，以马克思主义为指导，以社会主义核心价值观为灵魂的社会主义先进文化是顺应社会发展规律、揭示社会未来发展方向、为社会文明进步提供思想保证、精神动力和智力支持的文化，文化赋值不能一味迎合市场需求，应该用先进文化引导旅游者在文化观照中对生命进行思考，追求高尚的快乐。文化赋值是实现田园综合体与乡村文旅综合体的融合的关键，也是基础。

赵家峁田园综合体生态文化应该实施品牌战略。榆阳区在赵家峁田园综合体的基础上进一步启动了泛赵家峁田园综合体的建设，泛赵家峁田园综合体域内辖 3 个贫困村和 1 个非贫困村共 10 个自然村，实现了多村联动、优势互补、统筹发展。全区应以泛赵家峁田园综合体为依托，整合多种资源，积极争取品牌认证，包括休闲农业示范点、三品一标（无公害农产品、绿色食品、有机农产品和农产品地理标志）、国家地理标志保护产品、国家农业公园、现代农业特色品牌基地、重要农业文化遗产等品牌认证，以品牌认证支持乡村文旅高质量发展。榆阳区应该在更大范围内实施田园综合体的差异化发展战略，支持已经获得成效的田园综合体吸纳周边乡村协同发展，而不是建设更多的田园综合体。在建设生态文化品牌化战略的基础上，充分挖掘现有的农耕文化、知青文化、红色文化，让游客站在玻璃桥上可以看到绿植花海，在农事中体验到精耕细作，在葡萄酒的酿制中体会农产品加工的快乐，在赵家峁原住民身上看到昂扬向上、积极健康的精神风貌。文化是潜移默化的影响，不是生硬的灌输，田园综合体与文旅综合体融合之后要获得旅游者的认可，走进旅游者的心里，就必须将文化进一步构建为旅游吸引物。

（二）将文化建构为田园综合体高质量旅游吸引物的路径

田园综合体经过文化赋值之后还需以显性的方式将文化呈现出来，打造成能够吸引旅游者的吸引物。旅游吸引物是一种价值的表达，它一方面吸引旅游者对其进行消费，显现旅游者对某种文化、某个群体的联系与疏离；另一方面，消费者借此叙说自己的身份概念和群体归属。一个人去乡村庙会看戏，并不一定真实显示了其审美趣味，但透露了其对这种文化亲近的欲望或念想。文化需要以弥漫的方式存在，对旅游者形成潜移默化的影响；文化也需要聚焦于少数吸引物上，对旅游者产生冲击的力量。

构建旅游吸引物的过程也是系统的符号化运作过程，从文旅供给侧来讲，开发者挖掘能表征文化的符号价值，建构目的地形象和产品特征，吸引旅游者的注意力和旅游兴趣，文化符号化的过程也是对消费者进行身份符号化的过程，越是有特色的文化符号越能吸引消费者体验的冲动并提升其体验的满意度。旅游地宣传单、宣传网站广泛使用地方文化符号，并将这种文化符号与某种身份联系起来，从不同地域的旅游宣传口号来看，旅游地也越来越倾向于满足人们生活方式的诉求，如悠闲、浪漫、刺激，这些都满足了人们通过消费象征性地建构自己身份的需求。但同时，符号之所以被创造出来，是因为它以简化的方式向人们传达了某种意义，符号是文旅的入口而不是终结，高质量的文旅产品应该兼顾文化符号化的消费和沉浸式体验，应该兼顾外在猎奇与内在参悟，应该从现实世界走向符号世界再走向意义世界。一个符号就是一个故事，一个文旅一定要能够讲好一个故事，传递一种声音。赵家峁现在有了一个符号，仍需要再讲好一个故事，传递一种声音。讲好故事可以充分利用现有的改革展览馆，讲述赵家峁人不断奋斗、创造奇迹的故事，可以采取赠送旅游券或者礼物等多种方式吸引和鼓励游客去参观改革展览馆，聆听赵家峁改革故事。传递赵家峁的声音要首先做好游客的口碑，特别是榆阳区以外游客的口碑，以口碑引流，以口碑塑造旅游形象和旅游品牌。

高质量旅游吸引物应该以互动体验为中心。静态展示的旅游吸引物如一些传统生产生活过程中的用具，只能勾起一些具有相同经历的人的记忆，缺乏相同经历的人无法产生类似的认知和共鸣。创设情境，让静态的东西活起来，增强对互动和体验环节的设置，可以使旅游吸引物对游客产生更强的吸引力。互动体验在基于田园综合体的乡村旅游项目当中并不是一件复杂的事情，适当打通体验环节可以解决许多问题。鼓励旅游者品尝农家乐之前体验一下果蔬采摘，甚至在果蔬采摘之前体验一下田间农事，让他们品尝到"汗滴禾下土"换来的清香美味；为观赏田园风光的旅游者预留田间通道，鼓励他们近距离与农作物接触，体会人与自然的合二为一；为体验民俗的旅游者打理好小花园，预备好篝火，鼓励他们走出房间去闻闻花香、听听鸟鸣，看看星星月亮，找到乡愁。农产品加工也可以让旅游者加入进来，鼓励他们将自己和家人、朋友一起加工的农产品连同记忆带回家。村民的生态宜居区要精心规划，围绕田园综合体的文化主题进行以 3D 绘画，VR、AR 等方式设计，街道、小巷、墙壁可以一步一景，给旅游者带来不断的惊喜，应该将传统艺术等非物质文化与乡土文化元素结合，融入实景互动演绎、"打卡"行、文旅演出等现代元素，让乡村文旅真正走进旅游者的内心。

高质量旅游吸引物应该大力提升解说服务。在乡村文旅综合体当中，文化成为旅游吸引物的重要内容，但是，这种文化如果没人解说、没人阐释，对于一些旅游者来说，就是看山只是山、看水只是水。著名学者厉新建认为："浮光掠影地'路过'不可能深刻体会目的地的文化，客体化的文化无法转变为具身化的文化，旅游者只能是文化的猎奇者，或者记住文化的只言片语甚至道听途说般的肤浅，离开了目的地，就跟目的地的文化全然脱离了关系，不会再想起和记忆，自然也无法有效传播。"高质量旅游吸引物需要高质量的解说去实现产品供给过程中的意义传递。乡村文旅深度融合，不仅需要借助旅游吸引物吸引旅游者来此体验、理解、认知这种文化和生活方式，更要通过旅游吸引物影响更多的人认识和热爱这种文化，从而增强文化自信。应该大力推进解说服务，提升旅游地居民的文化认同、知识储备、解说水平，让旅游地的居民人人都是解说员。同时，借助现代信息技术，大力推动自主解说，实现产品解说的全覆盖。赵家峁要利用好改革展览馆，为游客提供免费的解说服务，为赵家峁村民特别是文旅相关工作岗位上的村民提供培训，让这里的文化深入游客的内心，并通过游客传递给更多的人。

田园综合体是乡村文旅发展的一种有效形式，二者存在内在一致性。通过科学的措施，可以实现田园综合体与乡村文旅综合体的有机统一，实现乡村社会的更大发展。

第二节 基层文化建设的"榆阳模式"

习近平总书记在党的十九大报告中指出:"文化是一个国家、一个民族的灵魂。文化兴国运兴,文化强民族强。没有高度的文化自信,没有文化的繁荣兴盛,就没有中华民族伟大复兴。"

2020年4月,习近平总书记来陕考察时又特别强调:陕西是中华民族和华夏文明重要发祥地之一。要加大文物保护力度,做到对历史负责、对人民负责、对未来负责。要弘扬中华优秀传统文化、革命文化、社会主义先进文化,培育社会主义核心价值观,加强公共文化产品和服务供给,更好满足人民群众精神文化生活需要。

在习近平总书记讲话的指导下,结合中央及陕西省、榆林市有关文化建设和文化产业发展的相关政策法规,榆阳区全面落实党管意识形态责任,牢固树立"大文化"观,将党的建设和高端能化、现代农业、文化旅游、社会治理作为五大板块重点工作;坚持站位要高、格局要大、内涵要深、措施要实,扎实推进文化建设,定政策、建机制,抓投入、强基础,上项目、办活动,促融合、求实效。先后高质量创建了"全域旅游示范区",建成陕北民歌博物馆、榆林古城文化旅游街区、"五馆一中心"等精品文化工程;"大美榆阳"文化旅游、"中国美丽田园"、麻黄梁黄土地质公园、榆林野生动物园、赵家峁"老家记忆"等一批文化旅游景区,全区年接待游客突破1000万人次,在中国基层文化建设方面走出了一条特色之路。

一、发挥文化政策引领作用,明确三个价值导向

文化是社会发展的基石,是经济发展的价值维度。公共文化是一种由政府向民众提供的公共服务,以其公共性、基础性、均等化特征,在培养人们的公共观念、群体意识和价值追求方面发挥着巨大作用。基层文化建设应该发挥政府主导作用,制定科学的文化政策,以先进的理念来引领文化建设。

榆阳区在推动公共文化建设过程中，制定了《关于加快全区文化产业发展的实施意见》《榆阳区国家全域旅游示范区创建实施方案》《榆阳区关于进一步加强全区意识形态工作的实施意见》《榆阳区支持旅游产业发展暂行办法》等一系列政策。这些政策明确体现了以下三个方面的价值追求。

（一）以培育和践行社会主义核心价值观为主题

习近平总书记说："核心价值观是文化软实力的灵魂、文化软实力建设的重点。这是决定文化性质和方向的最深层次要素。"在十九大报告中，习近平总书记强调："发挥社会主义核心价值观对国民教育、精神文明创建、精神文化产品创作生产传播的引领作用，把社会主义核心价值观融入社会发展各方面，转化为人们的情感认同和行为习惯。"党的十九届四中全会审议通过的《中共中央关于坚持和完善中国特色社会主义制度、推进国家治理体系和治理能力现代化若干重大问题的决定》，创造性提出"坚持以社会主义核心价值观引领文化建设制度"。

在践行核心价值观过程中，爱国主义是立足点，理想信念是灵魂，思想道德是着力点。榆阳区委在《关于进一步加强全区意识形态工作的实施意见》中明确指出，要"坚持以社会主义核心价值观为引领，坚持正确的创作导向，坚持唱响时代正气歌"，在《关于加快全区文化产业发展的实施意见》中提出，要"不断弘扬爱国主义主旋律"，要"依托榆林中学旧址、元大滩战役旧址、邓宝珊将军故居等资源，建设爱国主义教育基地，积极融入陕甘宁红色旅游线路"。在基层文化建设中，要坚持用社会主义核心价值观凝心聚力，构筑中国精神、中国价值、中国力量，为社会主义伟大事业提供精神动力。

（二）以"以人民为中心"为出发点和落脚点

为人民群众提供内容丰富、形式多样、健康向上、品质优良的公共文化产品和服务，是构建现代公共文化服务体系的出发点和落脚点。为人民大众服务，始终是中国共产党人文化发展的价值取向，党的十八大以来，习近平总书记多次强调要坚持以人民为中心的创作导向。

文化建设"以人民为中心",意味着把人民大众当作文化发展的主体,也意味着文化发展应当基于人民生活。榆阳区《关于进一步加强全区意识形态工作的实施意见》中明确要求,文化建设要"以民为本、以人为本",近年来,榆阳区累计投入20多亿元用于文化领域民生建设,建成全省一流的公共文化服务中心和青少年校外活动中心,区文化馆建成非遗传承中心,重现榆林古城四合院风貌,着力培养全省一流的基层文艺工作团队,编纂出版《榆阳文库》丛书15卷16本,建立了覆盖城乡的公共文化服务体系,建成了一批高质量的精品文化工程,开展了百余项"大美榆阳"文化旅游系列活动,培育了一大批有潜力的文化业态、市场主体和突破性文化成果。

"以人民为中心"要让人民共享文化建设成果。只有全体人民共享文化建设成果,文化事业的社会主义性质才能得到彰显。因此,文化建设要将社会效益放在首位,实现社会效益与经济效益相统一的文化创作生产体制机制。公共文化建设要完善服务体系,实施惠民工程,文化资源和文化产品要向基层群众倾斜。榆阳区文化建设经过持续努力,已经形成了陕北大秧歌天天过大街、榆阳小剧场周周演小戏、榆阳小书屋人人爱读书、榆阳小论坛场场有精彩的良好局面,文化真正走进了千家万户。

(三)以"四个自信"建设为目标

十九大报告强调坚定道路自信、理论自信、制度自信、文化自信。中国特色社会主义道路是历史的选择,也是人民的选择;中国特色社会主义理论是经实践证明了的马克思主义中国化的伟大成果。文化建设要继承、创新、发展中华优秀传统文化、革命文化、社会主义先进文化,文化建设的目标就是要建立人民对习近平新时代中国特色社会主义思想的充分自信,凝心聚力,创造辉煌。

文化的核心功能就是向社会提供普遍的价值认同,用这些价值认同整合社会意识,建立行为规范,形成信仰、理想、目标共同体。文化是"四个自信"中最基础,也是最具有决定意义的自信。坚定"四个自信"的本质就是坚定文化自信。

基层文化建设首先要抓好地方优秀传统文化。优秀传统文化源远流长、博大精深，是我们民族的文化基因、精神支柱和精神标识，也是文化自信的根本。基层文化建设要汲取和创新优秀传统文化中的思想观念、人文精神、道德规范，为社会发展服务。榆阳区依托历史文化名城，利用区域内红石峡、镇北台等丰富的物质文化资源以及陕北民歌、陕北说书等在全国有一定影响力的非物质文化资源，实施了一系列重大文化建设工程，推出了一批文化精品，在全省乃至全国都产生了较大影响。其中，榆林小曲被列为首批国家级非物质文化遗产项目；电影《大漠巾帼情》展现了一代又一代女民兵薪火相传的治沙精神，在人民大会堂首映时便获得广泛好评；大型历史剧《余子俊》获陕西省"五个一工程"奖。

基层文化建设还要抓好革命文化。革命文化是中国共产党领导中国人民在革命实践中形成的，已经成为我们攻坚克难、走向胜利的强大武器。榆阳区充分挖掘革命文化资源，建成了榆林英烈博物馆、邓宝珊将军纪念馆、红色记忆博物馆等，成为重要的爱国主义教育基地。

二、聚焦地方产业升级，占领产业发展高地

文化是国家和民族的灵魂，基层文化建设只有融入地方经济社会发展大局中，才能找到安身立命的根本。

（一）厘清公共文化与文化产业的关系

公共文化服务体系是由政府主导、社会参与形成的创新和保护公共文化资源和先进传统文化，保障人民群众基本文化权益的各种公共文化机构和服务的总和。文化产业则是指为市场进行创造生产、流通、销售具有文化含量的产品和服务活动，以及与之有联系的各种支撑、参与活动的集合。公共文化和文化产业是文化建设的两个重要领域，二者各有其独立的特性和运行规律，同时又相互联系、相互促进，在一些关键环节相互贯通、互为表里。公共文化往往具有公益性，资源分配和决策不受市场机制影响，政府根据地方

经济社会发展水平以及人民群众的需求综合决定，其面向全体成员，没有选择性；文化产业则由市场调控文化资源，市场主体决定文化产品的生产规模和形式，具有营利性和服务对象的选择性特点。

基层文化建设要理顺公共文化与文化产业的关系，平衡推动公共文化建设与文化产业发展。榆阳区在文化建设过程中大力加强公共文化建设，建设了陕北红色记忆博物馆、陕北民俗博物馆、陕北民歌博物馆等一批公共文化设施，以公共文化建设为大众提供公平、普遍的文化需求，为文化产业发展营造浓郁的文化氛围，也为文化产业发展提供资源开发的基本条件；同时，榆阳区还在出台的《关于加快全区文化产业发展的实施意见》中明确提出，要大力支持文化旅游业、民间工艺业、休闲娱乐业、体育建设业、广告会展业、演艺影视业，以满足人民群众多样化的文化需求，繁荣基层文化事业。

文化载体往往具有公共文化和文化产业的双重属性，无论是陕北民俗博物馆、陕北民歌博物馆，还是红色记忆博物馆，抢救和保存了一批珍贵的资源。这些资源承载了我们满满的历史记忆，具有宝贵的文化和研究价值，同时也是珍贵的文物资源，具有重大的市场价值。而反过来讲，发展多样化的文化产业，有助于唤醒人们的文化保护意识和传承意识，更好地参与到文化建设的伟大事业中来。所以，公共文化场馆中可以出售文化产品，文化市场中也可以宣传文化政策。

（二）以文化建设推动经济转型升级

榆阳区属于典型的资源型城市，煤炭、岩盐、天然气储量极为丰富，石油、高岭土、泥炭等矿藏亦有相当规模的储量，高端能化一直是榆阳区经济发展的支柱产业，现代农业、现代服务业也占据重要地位。在绿色发展、创新发展和可持续发展的理念下，榆阳区面临产业升级的问题，文化产业为解决这一问题提供了有效路径。

文化建设可以为经济转型升级提供新的思维方式，能够为经济转型升级提供文化资源和智力支持。在创新型经济时代，创新和创意成为推动经济增长的先导性因素，文化建设与传统产业融合发展，可以增加产品附加值。文化建设也是经济结构调整和创新发展的重要抓手，推进文化创意和设计服务等高端服务业发展，促进文化与实体经济融合，是培育经济新的增长点、提升产业竞争力的重要举措，是发展创新性经济、促进产业升级的重要途径。榆阳区在《关于加快全区文化产业发展实施意见》中明确指出，要"着力推动文化产业与现代农业、能化工业、现代服务业等其他产业相融合，实现产业之间优势互补、协调发展"。通过树立"大文化"观，将党的建设和高端能化、现代农业、文化旅游、社会治理作为 5 大板块重点工作，榆阳区近10 年间在文化事业和文化产业方面的年度财政投入增长了近100 倍，年游客接待量增长了 8 倍，文旅综合收入增长了 10 倍。文化产业正成为榆阳区经济发展的新动能、新引擎。

（三）以重点文化工程构筑文化体系核心版图

基层文化基础设施大多比较薄弱，文化资源分布零散，文化资金投入不足，要解决这些问题需要集中优势资源打造标志性精品工程，以重大工程建设构筑文化体系核心版图，带动整个文化事业的繁荣。

重大文化工程建设需要强化优势。榆阳区境内文物遗址星罗棋布，自然风光美不胜收，红色文化资源富集，信天游、大秧歌风俗独特，剪纸、泥塑、石雕巧夺天工，已普查收录各类文物点 1417 处，非物质文化遗产多达13 类 256 项。但是，如何将这些散落在民间的珍珠呈现在大众的面前，是一个需要克服的难题。为了解决这个难题，榆阳区集中财力物力建设了陕北民歌博物馆、榆林革命英烈博物馆、补浪河女子民兵治沙连展览馆、张季鸾纪念馆、邓宝珊将军纪念馆、榆林古城夫子庙文旅街区、麻黄梁黄土地质公园等一批标志性文化工程。这些工程使榆阳区文化建设优势更优、强处更强，大大增强了榆阳区作为地区文化中心的地位，也使榆阳区成为人们了解榆林文化、陕北文化的重要窗口。

重大文化工程建设需要补短板。对于关系到社会民生的关键领域，还应该补齐短板，为人民群众提供更为便利、更加便捷的文化享受。2019 年，榆阳区启动榆林野生动物园建设项目，项目是集动植物保护、研究、旅游观赏、科普教育为一体的特色鲜明、全国一流的野生动物园，让榆林人民在家门口就能观赏到珍禽野兽，再也不用跑到数百千米之外去看动物了。同时，项目链接辐射周边生态旅游环线和乡村文化旅游景点，以"中国美丽田园"为品牌建设更大空间的生态田园综合体，形成一二三产业融合促脱贫攻坚、促乡村振兴的生态经济带，成为榆阳区建设黄土高原生态文明示范区和真正让绿水青山成为金山银山的重要举措。

三、注重城乡一体发展，推动文化均等化

社会主义文化也是人民的文化，要以人民为主体，反映人们生活，满足人民需求。基层文化建设要努力推动文化均等化，让全体人民特别是农村群众、弱势群体享受到文化建设的成果。

（一）以产权制度改革推动文化产业脱贫攻坚

我国是传统的农业大国，农村凝结着历史的记忆，反映着文明的进步。开展文化旅游是推动农村发展、助推脱贫攻坚的有效途径。但是，基层政府在推进农村文化旅游工作过程中，普遍存在资金不足、政策滞后、农民意愿不强的问题。榆阳区以农村产权制度改革为突破口，有效化解了这一难题，形成了"榆阳模式"。

赵家峁是榆阳区一个普普通通的小山村，也是省级贫困村，村集体经济一穷二白，多数青壮年劳动力进城务工，耕地闲置荒芜，村庄"空壳"，集体"空心"，民居"空巢"，"三空"现象十分严重。2013 年，赵家峁村依托农村集体产权制度改革，探索出了资源变股权、资金变股金、村民变股民的"三变"改革模式。改革以来，赵家峁村初步建成现代养殖区、时令水果采摘区、新农村住宅区、旱作农业示范区、杏树文化观光区和文化旅游度假区六大功能区域。累计接待游客接近 30 万人次，累计纯收入达 200 万元，成功转变为全区精准脱贫标杆村、全省农村产权制度改革试点村和乡村旅游示范村。榆阳区以赵家峁为试点，在全区统筹推进"三权分置、三变改革、三条路径、三产融合"的榆阳模式，先后组建村组集体股份经济合作社 404

个，35 万参股农民与农业新型经营主体建立起产业联合体，185 个村集体经济收入总量达 2.5 亿元，138 个合作社分红达 1.6 亿元，让广大贫困群众搭上发展快车共奔小康。

（二）以文旅融合推动全域旅游发展

2015 年 9 月，国家旅游局启动开展"国家全域旅游示范区"创建工作，颁布《关于开展"国家全域旅游示范区"创建工作的通知》。2018 年，国务院发布《关于促进全域旅游发展的指导意见》，标志着全域旅游正式上升为国家战略。

现阶段的旅游已经从以往的景点旅游转向休闲旅游，旅游与多产业实现融合发展。旅游与文化密不可分，要用文化提升旅游品位。文旅融合发展可以通过"文化旅游化"和"旅游文化化"两大架构来实现。文化旅游化常见方法有八种，即通过文化业态化、文化产品化、文化主题化、文化品牌化、文化体验化、文化游乐化、文化互动化、文化情境化等，以此落实文化向旅游业态与产品的转化，借力文化赋能旅游。同时，通过"五法"实现旅游文化化，即在旅游开发与运营中，借力文化特色塑魂、文化品牌赋能、文化展演活游、艺术工艺创品、IP 整合价值等方法，实现旅游中文化的创新运用。

《榆阳区创建国家全域旅游示范区实施意见》中提出：巩固全区发展文化旅游产业实现转型升级的成果，发挥"旅游＋"的整合功能，打造长城边塞风情旅游线、沙漠军旅露营旅游线、中国美丽田园杏树生态文化旅游线、现代特色农业和能化工业旅游线、国家历史文化名城旅游线等全域旅游精品线路。这些举措的实施，有力推动了文化进村入户、深入基层，使老百姓不仅感受到了文化的魅力，也享受到了文化带来的收益。

（三）以文化惠民工程推动文化融入百姓生活

习近平总书记强调："要大力繁荣发展文化事业，以基层特别是农村为重点，深入实施重点文化惠民工程，进一步提高公共文化服务能力，促进基本公共文化服务标准化、均等化。"

繁荣基层文化事业不仅仅是让老百姓做一个旁观者，更要做一个参与者。老百姓参与文化建设，可以体会到地方文化的魅力，自觉传承地方文化，逐渐成长为地方文化的创造者甚至引领者，同时，对浓郁地方文化氛围，营造积极健康、风清气正的社会环境也大有裨益。

近年来，榆阳区推出了一系列深受百姓欢迎的文化惠民工程，吸引群众积极参与进来。秧歌作为榆阳区的一张名片，以往只有在逢年过节的时候才能看到，现在在榆阳老街，每天都有秧歌过大街活动，越来越多的人参与到扭秧歌的大队伍中。榆阳小论坛定期邀请地方知名文化学者和文化爱好者免费讲解文化知识，为榆阳区的广大文化学者和爱好者搭建相互学习交流的平台，提升文化爱好者的文化认知、创新创造能力和水平，为榆阳文化发展注入新动力。榆阳非遗小剧场开馆以来，每天不同时段都会举行文化惠民演出，包括琴筝、陕北说书、榆林小曲、榆阳书场、陕北道情、秦腔等具有本土特色的文艺节目，均由广大文艺爱好者出演。开馆以来，深受广大市民的喜爱。观众在家门口就可以免费欣赏到非物质文化遗产项目，正所谓"非遗小剧场，群众大舞台"。非遗小剧场让观众在节目中感受非物质文化遗产的魅力，让非遗得以在观众身边传承。

四、勇于开拓创新，开创文化发展新局面

（一）文化建设敢于先行先试，要善于"无中生有"

每一项改革创新和前瞻性的工作，特别是在文化建设领域，往往起初不被大多数人所理解，如何力排众议、统一大家的思想认识，考验领导干部的政治定力和执政本领，唯有勇于担当、先干起来，才能用实践去检验真理。

2013年，赵家峁启动产权制度改革时，国家相关政策尚未出台，榆阳区委区政府深入赵家峁村实地调研，经过一番现场讨论后，认为从土地流转、设施农业、股份合作入手的方向是对的，在保障农民利益的前提下，可以大胆尝试，要全力支持。2014年，赵家峁村被确定为全省农村集体产权制度改革试点；2016年，拿到了全国第一张"农民专业合作组织"营业执照；

同年赵家峁实现高质量脱贫；2019年，被评为中国美丽休闲乡村，为中国农村产权制度改革积累了宝贵经验。

20世纪末退耕还林，榆阳东南部山区种植大扁杏10余万亩，因受晚霜冻害困扰，每亩平均年产值600元左右。长期以来，经济效益处在较低水平，文化效益更是无从谈起。2011年秋，当榆阳区在漫山红遍的杏树林举行首届"杏树红叶文化节"时，大多数干部群众并不理解，怀疑搞这样的活动会不会"劳民伤财"。然而，经过近10年的努力，春赏花、夏采果、秋观叶、冬踏雪的杏林景观，已成为国家农业部命名的"中国美丽田园"，昔日贫困的黄土丘陵沟壑区，成为如火如荼的乡村文化旅游经济圈，每年近百项"大美榆阳"文化旅游系列活动，带来的是帮助老百姓脱贫致富的真金白银。

发展乡村文化旅游，从杏树红叶到"中国美丽田园""大美榆阳"文化旅游系列活动，往往是一无所有、无中生有，把文化旅游元素融入美丽乡村建设、融入产业发展、融入生活方式，发现美、创造美、体验美，并创造出真金白银，提高群众的收入。

（二）文化建设要心存敬畏，要对历史和未来负责

文化建设要敬畏和热爱文化，就要敬畏和热爱传统、历史与人民，就要守土有责、守土担责、守土尽责。一个最现代化的千万吨矿井，开采100年就会枯竭；一座文化地标，点亮精神灯塔，讲好人文故事，构筑文化高地，必将永久矗立、载入历史、功在千秋。陕北民歌是黄土高原的文化符号，饱含着陕北人的精神基因，代表着陕北独特的精神标识；是历代陕北人民劳动智慧的历史结晶，是中华民族弥足珍贵的文化瑰宝；陕北民歌的发展变迁史，就是一部陕北人民世世代代的精神史、心灵史和命运史。作为陕北民歌的重要发源地和传唱地，保护好、传承好老祖宗留下的文化遗产，是陕北人义不容辞的历史责任和义务。基于深广的乡愁情怀、深厚的人文情怀、深远的使命情怀，2017年2月3日，榆阳区决定启动建设陕北民歌博物馆，并且明确了"全国性、唯一性、权威性"的建设目标和精神追求。随后，组织区政协专班，从选址规划、学习考察、专家选聘，到展陈设计、文物征集、

综合布展，处处亲力亲为、精益求精；跑遍大江南北，收集了大量第一手的珍贵文物资料，采访了成百上千的老前辈、老专家和老艺术家；全区上下齐心协力，社会各界鼎力相助，连续奋战476天，建成了全国独一无二的民歌音乐博物馆。

文化建设要敢担当更要善担当，在政治上保持头脑清醒，不能犯颠覆性、方向性的错误。应对实践中的考验，更需要智慧、定力和坚持真理的执着，透过纷繁复杂的现象和声音，打破狭隘偏见，廓清认识迷雾，去认知事物的本质和历史的真实情况。中国近代新闻事业的奠基者、著名政论家和无党派爱国人士张季鸾先生是榆林人。毛泽东赞其为"团结抗战、功在国家"，周恩来誉之为"文坛巨擘、报界宗师"。然而，位于长安杜曲镇的张季鸾墓却几乎无人知晓，无人问津，墓园周边杂草丛生。榆阳区委区政府经过认真调研，多方沟通，决定请张季鸾先生魂归故里。他们本着对历史、对民族高度负责的态度，历经曲折艰辛，面对不同声音，终于在2014年8月13日将先生陵墓回迁故土，安葬在榆林驼峰山上的森林公园。同时，精心布展了"季鸾纪念馆"，并将公园命名为"季鸾公园"，以志纪念。

对文化的理解和认识，不局限于一时一地的狭隘格局，要有功成不必在我的眼界和胸襟，有家国情怀、史诗情结、民族精神和世界眼光。邓宝珊是甘肃天水人、我国近代史上著名的政治活动家、杰出的爱国将领、中国共产党的忠实朋友。抗日战争时期，邓宝珊以二十一军团军团长和晋陕绥边区总司令的身份镇守榆林11年之久。解放战争时期，他力促北平、绥远和平解放，被称为"北平和平解放的一把金钥匙"。之前，邓宝珊的故居——桃林山庄，还是一座破旧的精神病院。从榆阳区下定决心在黄沙掩埋的废墟中发掘和修复桃林山庄，到2018年5月24日桃林山庄正式对外开放，用了4年。正是榆阳人秉持着一种对历史高度负责的态度，去理性地审思、严谨地考证、全身心地投入，桃林山庄才能重见天日。

文化自信是中华民族伟大复兴的深刻内涵，文化生活是人民群众对美好生活向往的重要内容，文化事业是党的工作的重要组成部分。近年来，榆阳区怀着坚定的理想信念、深厚的人文情怀、自觉的使命担当，把文化建设摆在前所未有的重要位置，坚持三个导向，引领基层文化建设；通过三种途径，将文化建设融入地方经济转型升级大局；利用三种手段，积极推进文化均等化建设；敢于先行先试、善于"无中生有"，心存敬畏，对历史和未来负责，建成了一系列全国有影响力的精品文化工程。他们用实际行动，把文化自信深深地刻印在大地上，刻印在人民群众的心坎上，刻印在历史和时代的里程碑上。

第三节 榆林传统村落保护困境与开发路径

在全域旅游、乡村旅游的大背景下，传统村落何去何从值得关注。中国传统文化的核心是乡土文化，乡土的基础就是乡村和土地，传统村落作为具有良好的文化传承、良好的古建筑遗存、传统的生产生活形态和生活空间的乡村空间聚落，成为传统文化保护和传承的希望。国家在 2012 年对全国 1.5 万个传统村落资源进行了全面调查，推出了传统村落保护计划，公布了国家级传统村落名录。截至 2020 年，已经认定国家级传统村落共 5 批 6819 个（第一批至第五批分别认定的数量为 646 个、915 个、994 个、1598 个、2666 个），认定的数量逐次增加，扶持的力度不断加大。其中，陕西省目前共有传统村落 113 个，在全国位列 17 位，居于中间水平，与第一位的贵州省（共认定 724 个）有较大差距。除了国家级传统村落，各地还出台了相应的省级传统村落、市级传统村落评选和保护办法，全国性的传统村落保护体系已经建立。榆林目前有国家级传统村落 34 处，省级传统村落 43 处，数量在陕西省处于领先水平。

一、传统村落保护与旅游开发的内在统一性

入选国家传统村落不仅仅是一种荣誉，更重要的是国家切切实实的看得见的支持。国家对传统村落的保护和支持采取的是一事一议的方式，前期入选的传统村落大多 1 年可以拿到 300 万专项经费，3 年可以领到 900 万经费。

再加上省里市里的配套资金，少说也有一两千万。这些经费对于一个小小的村庄来说，应该算是很多了，但是，保护的效果却值得商榷。

应该说，传统村落保护和发展目前面临着大好机遇，生态文明建设成为我国的发展战略，传统文化与红色文化、社会主义先进文化并列为我国文化建设的三大内容，乡村旅游成为我国最主要的旅游形式，这些因素都为传统村落的保护和发展提供了政策和市场机遇。但是，不少传统村落并没有将这种机遇转化为发展优势，与其他村落一样，传统村落面临的最大难题仍然是空心化。虽然农村的生活得到了改善，不少人住进了漂亮的房子，但是人们候鸟式的进城打工的生活方式导致人去楼空现象越来越普遍和严重。榆林的传统村落大多分布在黄河及其支流沿岸，或者分布在过去的交通要道上，在传统的农耕时代，这些村落的位置都是最好的，人来人往，为村落注入生机和活力，数千人甚至上万人的村子并不少见。现在随着人们出行方式的改变，水运衰落，这些存在往往成为最闭塞的地方，但也正因为闭塞，这里的文化保存得相对完整和鲜活，具有了另一番价值。

就目前而言，大家都感觉到了传统村落的巨大价值，但是，这种价值应该包括经济价值，不少专家学者反对对传统村落进行开发和利用，认为传统村落一旦开发、旅游化了，它的文化就会受到侵蚀和流失，甚至遭到完全破坏，这种担忧是有道理的。但是我们应该看到，文化的主体是人，没有人，文化就失去了依附的对象和活化的可能。一些古建筑、村落空间布局、古戏台庙宇等也可以成为传统文化的载体，但是，若没有人的生产和生活参与，它们就缺乏灵性，只能成为静态展示的东西。所以对传统村落来说，最重要的还是要留住人，留住原住民。

怎样才能留住原住民呢？发展产业很重要。但是，对传统村落来说，可发展的产业并不多，第一产业即使再精耕细作，也很难挣到钱，要不然村民就不会跑到城里去打工了。发展第二产业不仅需要资源，还需要大量的投资。愿意到交通不便、资源缺乏的村落来投资的企业寥寥无几。对于大多数村落来说，只能发展第三产业，而在第三产业中，旅游业首当其冲。只有旅游业是吸引人流量的产业，只要有人来，就有发展机会。因此，不必过度担忧传统村落旅游化，可以说旅游是传统村落自然而然、理所当然的发展出路。

发展旅游会不会破坏传统文化呢？这个要看我们怎么看待和理解传统文化了。中国的传统文化是土里面长出来的，人们对土地的感情十分深厚，所谓"锄禾日当午，汗滴禾下土"，人们终日在土地里劳作，期待来年的收成，即使收成微薄，也不会改变人们对土地的虔诚和热爱。中国人出远门的时候，往往会带一包家乡的土，土就是家乡的符号，走到哪里跟到哪里，尤其是当人们到达一个陌生的地方，身体出现异常反应时，人们把这种状况叫作水土不服。人们不仅对土地十分虔诚，对于和土地有关的一切事物都保持着敬意。每年正月初一到初七分别是鸡日、狗日、猪日、羊日、牛日、马日、人日。这些动物是农耕时代和人关系最密切的几种动物，人们相信它们一年的辛劳也应该换来一天的休息，而且在这一天，人们不能打骂和虐待动物。过年的时候，人们还会在树木、大型农具上贴上对联，焚香祭拜。农民这种生产和生活方式随着国家大规模的现代化而逐渐消解，现代化的实质是工业化，工业化需要土地和劳动力，其结果必然导致人们离土离乡进城打工，于是，人们与土地之间的联系纽带逐渐断裂。当越来越多的人从乡村走向城市的时候，农业文明也就逐渐终结了。农业文明的终结并不意味着传统文化的终结，却宣告着传统文化表现形式的改变。

传统文化表现在人们传统的生产和生活方式当中，表现在物质和非物质的遗存当中，更表现在人们的衣食住行等日常生活的方方面面。从农业文明转向工业文明，并没有改变中国传统文化的内核，故土难离、安土重迁是传统文化的一部分，但是，这只是传统文化的一种表现形式，其内涵是中国人追求的天人合一、孝道、自强不息等种种精神的综合。这种精神并没有随着工业化的到来而丧失，今天的生态文明建设同样体现了这种精神。

因此，发展乡村旅游对传统村落来讲并没什么可怕之处，相反，空心化才是传统村落生存下去的最大威胁。榆林黄河边上的大多数传统村落只剩下了老人，不仅年轻人都去城里打工了，而且孩子们也都去城里上学了。在村里，五六十岁的人已经算是年轻人了。村里不仅人少了，生活内容也越来越简单，人们很少去田间劳作，吃的粮食基本靠买，偶尔会在田间地头种点蔬菜瓜果，农村的集市也没有以前那么喧闹了，大量整齐划一的店铺与广告代替了地摊和吆喝。村里的人吃完饭大多在广场聊聊天喝喝茶，人们能聊的话题也少了，不像人们以前可以在院落前面聊各种私密的话题。年轻人很少在村里办婚礼了，大多去县城或者市区办婚礼；丧葬之礼没办法去城里办，但是越来越程式化，很多都交给了专业的公司去办，丧葬礼看起来热热闹闹，但是已经没有了以往的味道。发展旅游业可以带动更多的人来传统村落，一起重温乡村生活。这样的传统村落才有生气和生机。

二、传统村落旅游开发需要各方联动

那些担心旅游会破坏传统村落文化的观点也有道理，关键是如何发展传统村落的旅游产业，而不是能不能发展的问题。发展传统村落的旅游业应该做好以下几个方面：首先，村落保护与景区建设要一体化，应该对村落整体进行净化和美化，让游客走进村庄，走进人们的生活当中进行全方位的深度体验。那种划片设计，将景区和原住民居住区刻意分开的做法只会白白浪费了传统村落最大的优质资源。其次，利用当地资源打通旅游全要素，应该充分利用当地的农业生产、手工业生产、饮食、房屋等要素，为游客提供吃、住、行、游、娱、购方面的需求，这样才能最大限度地使传统的生产和生活方式得到活态传承。再次，要对传统村落的传统文化要素进行区分，对于一些不再使用的生产生活用具可以建设博物馆，以静态展示的方式供人们参观；对生产性的工艺类文化，可以采取生产性保护的方式，但不能随意改变生产的流程和方式；对于表演性类的文化可以继续表演，但不能随意进行商业化的改造；对于古庙、古街区等对象应该加以保留，不能随意改造以适应旅游发展。

应该看到，旅游业是一个关联性非常强的产业，仅仅靠自然风光、传统美食、民宿等狭义的旅游要素难以吸引到游客。绥德的郭家沟作为国家级传统村落，又是电视剧《平凡的世界》里双水村的拍摄地，因为《平凡的世界》的热播也火过一段时间，但是很快就沉寂下去了。郭家沟的周围没有大的城市群可以依托，游客数量不可能一直增长，要想发展只能靠游客的口碑，靠游客的复游率。但是，提高复游率不是一件容易的事情，除了景区本身要给游客提供舒适的环境和沉浸式的乡村生活体验，交通、饮食、原住民和当地旅游从业者的态度都至关重要，一个环节不到位就会导致产业的凋敝。郭家沟从开始时的游客人满为患，到疫情前街巷杂草丛生，仅仅过了几年的时间。

任何旅游都是一种文化旅游，要有文化自信，才能发展文化旅游，而文化自信又来自人们对自己生活的热爱和自信。榆林黄河沿岸的传统村落发展旅游有着天然的优势，不仅文化元素富集，而且自然风光也很美，随着陕西省沿黄公路的开通，交通更加便捷，但是人们仍然缺乏对自己生活的热爱和认同。村里人见到外面的游客经常感到难以理解，觉得这个地方有啥看的，值得那么多人来看？文化认同的提升除了要加强宣传和教育外，推动传统村落全方位发展才是根本。传统村落动辄投资数千万元，但是这些钱说多确实多，说少也确实少，要看用来做什么。用来修乡村公路，几千万元估计也修不了多少，修复古宅也是一件相当费钱的工程，用来做净化和美化倒是可以做点事情。但是，传统村落即使环境有了相当大的改观，也很难改变其空心化的现状，只能说减缓了空心化的趋势。出去打工的仍然选择出去打工，村里争取的扶持资金大多用来改善硬件设施，用不了多少工人，旅游的发展不是一朝一夕的事情，尤其是游客大多是周末游、假日游，工作日的游客稀稀落落，这种状况很难支撑起一个产业的发展，也就很难长期留住人了。村民们在城里打工挣钱，最大的梦想还是在城里买套自己的房子，做个城里人，很少有人再想回到村里去。

这种状况的改变需要很多的配套设施。大家之所以愿意冒着雾霾、交通拥挤、物价高等不利因素去城里生活，是因为城里有着高质量的生活配套服务，那里有最好的学校、最好的医院、最丰富的文化生活，而这些都是在农村享受不到的。所以仅仅靠改变一个村子的小环境是不足以吸引农村人回流的。所谓的逆城镇化也是一个伪概念，城镇化是大势所趋，不可能逆转，那些从城市回到农村的，要么是在农村养老、休闲等短暂居住，要么是回农村寻找赚钱的机会。大家也会偶尔留恋和欣赏农村的鸟叫虫鸣和鸡鸣犬吠，欣赏农村的炊烟夕阳和人面桃花，但是，很少有人愿意一直待在这里。所以要解决传统村落或者大多数村落的空心化问题，不是抗拒城镇化，而是要加快城镇化的进程。当传统村落周边的县城、村镇发展起来的时候，当人们不用去城里也可以找到合适的工作，能挣到钱，能享受到优质的服务的时候，人们就不用再去城里寻找梦想了。

政策的支持和前瞻性也很重要。在榆林的一个传统村落，村里花了100多万元修复了一所民居，其他村民就很不理解：为什么修复的是这家人的，而不是我们家的？他们觉得这里面肯定有问题。而被修复的民居的主人也很疑惑，本来房子已经破破烂烂不值钱了，政府投资了这么多钱去修复，修复好了还是不是我们家的？修复过的房子能不能作为商业用房来经营，能不能出租？能不能做民宿？能不能转卖？这些问题暂时没人能回答，因为相关的政策没有跟上。

传统村落发展旅游不管怎么小心翼翼，游客的旅游行为都会对当地原住民的生活造成影响。云南号称中国最后一个原始氏族部落的泸沽湖畔的摩梭人，在发展为景区之后，当地最有特色的风俗——走婚就消失了，现在摩梭人已经和周边其他地方人的生活没有多大的区别了。游客和原住民之间的行为会互相影响，传统村落在这种影响下各方面都会发生变化，但是不必太担心这种变化。

加快城镇化的进程，科学设计城市和农村的布局和功能，是保护和发展传统村落的出路。我们要认真思考，传统文化的精髓是什么，这些精髓如何在传统村落的现状中，甚至在传统村落旅游产业发展的大局中得到体现，这样才会有出路和前途。

三、传统村落旅游开发应该融入国家发展大局

仅仅靠国家对传统村落的政策扶持是不够的，国家扶持的目的也是为了增强传统村落自身的造血功能，传统村落必须抢抓机遇，主动对接和融入国家发展战略。只有这样，才能获得更大的发展空间。对榆林的国家级传统村落来说，从分布状况来看，主要集中在佳县、清涧、绥德、米脂几个南部县

区，北部县区很少，而实际状况是北部县区也有很多历史悠久、保存完整、物质和非物质文化遗产丰富的传统村落，但是由于没有申报，所以一直榜上无名。国家级和省级传统村落是一个金字招牌，入选名单不仅仅意味着资金等资源的投入，更重要的是获得媒体聚焦的优势和旅游开发的潜在优势，所以榆林北部县区应该加大传统村落的申报力度，在申报过程中可以考虑和当地高校、研究机构、专家学者组团联合申报，以提高申报的命中率。

就目前而言，无论是传统村落的申报还是旅游开发，应该确定层级体系，哪些先开发，哪些后开发；哪些可以打造为核心景区，哪些应该打造为非核心景区。各种传统村落旅游开发的类型也应该有规划、有设计，不能都采取观光模式，还应该有休闲度假模式、康养模式等其他类型。

榆林传统村落保护和旅游开发需要对接的是国家黄河流域生态保护和高质量发展战略。2019 年，习近平总书记在郑州主持召开黄河流域生态保护和高质量发展座谈会时指出，黄河流域高质量发展，同京津协同发展、长江经济带发展、粤港澳大湾区建设、长三角一体化发展一样，都是国家重大发展战略。从此，黄河流域地区发展迎来重大发展机遇。2021 年 10 月，中共中央、国务院又印发了《黄河流域生态保护和高质量发展规划纲要》，明确要求加强黄河流域生态保护，保护和弘扬黄河文化，建设黄河流域现代产业体系。陕西省也出台了《陕西省黄河流域生态保护和高质量发展规划》，将黄河流域生态保护和高质量发展作为陕西全省工作的重点任务和重大事项。黄河流经榆林府谷县、神木市、佳县、吴堡县、绥德县、清涧县，流经线路长，达 389 千米，占陕西省黄河流经线路的 53.85%；流域面积广，占陕西省黄河流域面积的 30% 以上。中华文明的源头就是黄河文明，黄河流域也是传统文化的富集区。榆林各县区应该从国家和陕西省大局出发，优先做好黄河流域传统村落的申报和旅游开发工作。国家黄河战略同其他几个区域性发展战略不同的是，它的优先事项是生态保护，要在生态保护中寻求绿色发展、高质量发展。2017 年，陕西省沿黄公路正式建成通车，全长 828 千米，成为连接陕西沿黄各县市的交通大通道，公路沿线黄河水奔腾不息，乡野风光美不胜收，被誉为中国的"一号公路"，这也为沿黄各县市的发展提供了契机。榆林沿黄各县应该进一步利用国家的各项支持政策，以传统村落为节点，打造乡村自驾旅游黄金线路，要完善各传统村落的交通体系，提供周边县区、榆林市城区通往传统村落的便利化出行条件；要进一步美化传统村落及周边环境，将黄河风光纳入传统村落景观设计当中；要处理好黄河沿岸传统村落的保护和开发，也要做好皇甫川、清水川、佳芦河、大理河、无定河、秃尾河等黄河支流沿线传统村落的保护和开发，形成以传统村落为节点和核心的乡村旅游网络。

榆林传统村落保护和旅游开发第二个需要对接的是国家长城文化公园建设。2017年，国家出台了《建立国家公园体制总体方案》，要求建立国家公园，保护生态系统的原真性和完整性，同时兼顾教育科研和休闲旅游功能。目前，长城国家公园与三江源国家公园、大熊猫国家公园、东北虎国家公园等一起入选了国家首批建设的10个国家公园。各个省先后推出了自己的长城公园建设规划，榆林境内有丰富的长城遗址遗存，赵、秦、隋、明长城贯穿了榆林府谷、神木、榆阳、横山、靖边、定边多个县区。以明长城为主，现有城堡40座，被定为省级文物保护单位的有36处，其中战国时期4处、隋朝时期3处、明朝时期29处。现有墩台93个，营寨890个，烽火台210多座，特别是有世界文化遗产、国家重点文物保护单位、中国长城三大奇观（山海关、嘉峪关、镇北台）之一的万里长城第一台——镇北台。榆林也应该尽快出台建立榆林长城文化公园。沿线营寨应该以长城文化保护和传承为契机，加入传统村落保护和开发大局。目前神木高家堡、横山响水堡、横山波罗古堡都在旅游发展方面做出了一系列的探索，尤其是高家堡利用其自身的边塞文化、农耕文化、宗教文化、红色文化汇集的优势，加上周边石峁遗址的发现、《鬼吹灯之龙岭迷窟》和《平凡的世界》拍摄地的推波助澜，一时游客蜂拥而至，成为榆林网红级旅游景点。目前，榆林发展长城沿线村寨旅游最大的困难在于长城遗址遗存大多残破不堪，有的只剩下一个大土堆，观赏性不强，平时没人游览，也就谈不上旅游配套设施，部分营堡离村镇偏远，交通不便，对周边村寨旅游带动性不强。对于这种状况，市县政府应该做好规划设计，优先保护开发遗迹遗存完整、观赏性强、有历史故事、周边自然环境优美、交通便利、人口密集，能与周围其他景点景区形成协同效应的营堡，将周边村寨的保护一并纳入规划方案，进行景区与村寨人居的活态和整体性保护，应该发挥长城的教育科研功能，开发研学课程，重点发展研学旅游。沿长城传统村落发展过程中要进行清晰定位，突出特色，不能采取枝叶散点多发而没有主脑的开发模式。像高家堡这样旅游资源丰富的村落，在《平凡的世界》热度褪去之后该如何发展，仍需要深思，应该主打边塞文化还是农耕文化；应该继续挖掘影视 IP，还是背靠石峁遗址做大做强；应该发展旅游演艺；还是推出文化创意产品，都涉及景区的基本定位问题。这个问题思考清楚了，之后的路也就好走了。

参考文献

[1] 费孝通.土地里长出来的文化 [M]// 费孝通.费孝通文集：第 4 卷.北京：群言出版社，1999.

[2] 扬·阿斯曼.文化记忆——早期高级文化中的文字、回忆和政治身份 [M].金寿福，黄晓晨，译.北京：北京大学出版社，2015.

[3] 王婉飞.浙江乡村旅游发展与创新 [M].北京：北京大学出版社，2008.

[4] 蒋高明.乡村振兴　选择与实践 [M].北京：中国科学技术出版社，2019.

[5] 许建.乡村旅游促进乡村振兴研究 [M].北京：经济管理出版社，2019.

[6] 北京联合大学，北京数字科普协会.博物馆的数字化之路 [M].北京：电子工业出版社，2015.

[7] 李霞.文旅振兴乡村　后乡土时代的理论与实践 [M].北京：中国建筑工业出版社，2019.

[8] 韩延明.红色文化与社会主义核心价值体系建设研究 [M].北京：人民出版社，2013.

[9] 高莉娟，傅李琦.乡村振兴战略的理论与实践 [M].南昌：江西人民出版社，2019.

[10] 慎海雄.习近平改革开放思想研究 [M].北京：人民出版社，2018.

[11] 汤志华，钟瑞添.科学社会主义理论中国化的新飞跃 [M].北京：人民出版社，2018.

[12] 李征坤，杨双贵，刘智惠，等.顾客微心理　经营者不得不学的消费心理学 [M].北京：电子工业出版社，2018.

[13] 王国奇.中国梦的历史探究及当代启示[M].长沙：中南大学出版社，2018.

[14] 昆明市旅游发展委员会.乡村旅游经营手册[M].北京：中国旅游出版社，2016.

[15] 于爱晶.文创产业的创新、融合与实践[M].北京：北京联合出版公司，2020.

[16] 夏庆利，田苗，叶俊，等."大别山试验区"可持续发展路径选择[M].北京：经济管理出版社，2015.

[17] 代改珍.乡村振兴规划与运营[M].北京：中国旅游出版社，2018.

[18] 俞昌斌.体验设计唤醒乡土中国　莫干山乡村民宿实践范本[M].北京：机械工业出版社，2017.

[19] 阿莱达·阿斯曼.回忆空间——文化记忆的形式和变迁[M].潘璐，译.北京北京大学出版社，2015.

[20] 傅才武.论文化与旅游融合的内在逻辑[J].武汉大学学报（哲学社会科学版），2020，37（3）：2.

[21] 宋端.文化和旅游：多视角的透视[J].旅游学刊，2019，34（4）：3.

[22] 侯兵，黄震方.文化旅游实施区域协同发展：现实诉求与路径[J].商业经济与管理，2015（11）：10.

[23] 侯爽，刘爱利，黄鸿.中国文化旅游产业的发展趋势探讨[J].首都师范大学学报（自然科学版），2019，40（4）：9.

[24] 孙庆忠.离土中国与乡村文化的处境[J].江海学刊，2009（4）：6.

[25] 陈彬，刘文钊.信仰习惯、供需合力、灵验驱动：当代中国民间信仰复兴现象的"三维模型"分析[J].世界宗教研究，2012（4）：8.

[26] 陈小锋.雨水与"灵验"的建构——对陕北高家峁村庙的历时性考察[J].民俗研究，2018（5）：9.

[27] 祁庆富.存续"活态传承"是衡量非物质文化遗产保护方式合理性的基本准则[J].中南民族大学学报（人文社会科学版），2009（3）：4.

[28] 王建芹，李刚.文旅融合：逻辑、模式、路径[J].四川戏剧，2020（10）：4.

[29] 张红艳，马肖飞.新格局下基于国家认同的红色旅游发展[J].经济问题，

2020（1）：7.

[30] 张朝枝.文化与旅游何以融合：基于身份认同的视角 [J].南京社会科学，
2018（12）：5.

[31] 厉新建，宋昌耀.文化和旅游融合高质量发展：逻辑框架与战略重点 [J].华
中师范大学学报（自然科学版），2021（8）.

[32] 张馨月，梁旺兵.文旅农融合背景下的田园综合体吸引核——新型"农业迪
士尼"的构建 [J].现代农业，2019（8）：14-16.

[33] 郑健壮.田园综合体：基本内涵、主要类型及建设内容 [J].中国农业资源与
区划，2020，41（8）：8.

[34] 孙吉浩.乡村旅游视角下"田园综合体"设计策略与表达 [J].合肥工业大学
学报（社会科学版），2018，32（1）：5.

[35] 吴泓颖.井冈山景区营销策略研究 [D].南昌：南昌大学，2013.

[36] 曾盛.井冈山红色旅游开发研究 [D].武汉：华中师范大学，2013.

[37] 龙瑛.井冈山红色旅游发展战略研究 [D].南昌江西财经大学，2016.

[38] 戴欣欣.井冈山红色旅游产品深度开发研究 [D].上海：华东师范大学，2010.

[39] 张赞."文创＋"时代文旅新场景如何助力乡村振兴 [J].人民论坛，2019（26）：2.

[40] 马荟，庞欣，奚云霄，等.熟人社会、村庄动员与内源式发展——以陕西省
袁家村为例 [J].中国农村观察，2020（3）：14.

[41] 张丽娜.美丽山水城视野下的田园综合体建设 [J].重庆行政（公共论坛），
2017，18（4）：92-94.

[42] 付璐.体验导向型红色旅游开发问题探讨 [J].社会科学家，2020（9）：5.

[43] 蒋光贵.习近平铸牢中华民族共同体意识思想路径探析 [J].湖南省社会主义
学院学报，2018，19（2）：9-12.

[44] 肖龙，钟福民.红色旅游纪念品设计研究 [J].包装工程，2015，36（20）：5.

[45] 黄姣.博物馆宣传工作存在的问题及对策探微 [J].文物鉴定与鉴赏，2020
（15）：2.

[46] 罗娜.中小城市博物馆的现状及建设思路探究 [J].文物鉴定与鉴赏，2020
（22）：3.

[47] 王睿郁.加快江苏赏花经济发展的思考与建议 [J].江苏农村经济，2016（5）：64-66.

[48] 夏然.赏花经济百日红 文创产品尚需努力 [N].证券时报，2019-4-17.

[49] 汉武.博物馆要在"双减"后及时补位 [N].武汉文明网，2021-10-18.

[50] 曹英琦.榆林季鸾公园与张季鸾纪念馆 [N].榆林日报，2017-2-15（6）.

[51] 邓宝珊将军纪念馆本周四就要开馆凭有效证件免费参观 [N].阳光报，2018年5月24.

[52] 高苗，吕晶.476天，让一个想法变成一座博物馆！[N].榆林日报，2018-5-24（A4）.

[53] 朱蕾，关友芳.研究"乡愁"深刻内涵 构建"乡愁"理论体系 讲好"中国乡愁故事"——出席首届"2021乡愁中国·大理论坛"的全国知名专家学者纵论乡愁文化 [N].大理日报，2021-8-30.

[54] 2020年中国休闲农业和乡村旅游行业市场现状及发展前景分析，https：//www.163.com/dy/article/FUHEJQOM0514IJ84.html，2020-12-23.

[55] 2020中国国内旅游发展报告，https：//www.sohu.com/a/421592660_120209902，2020-09-28.

[56] 陕西最著名的民俗村"袁家村"解读袁家村发展模式.http：//kns.cnki.net/kcms/detail/42.1178.N.20210823.0932.012.html.2021-09-15.

[57] 陕西最著名的民俗村"袁家村"解读袁家村发展模式 https：//www.sohu.com/a/323922193_100133731.2019-06-30.

[58] 袁家村一年10多亿全国第一，这帮农民做对了什么？https：//www.sohu.com/a/378568706_756397.2020-03-08.

[59] 袁家村持续创新动力 十年打造乡村振兴鲜活样板 https：//sn.ifeng.com/a/20180602/6624729_1.shtml 2018-06-02.

[60] 杜一力：《文化旅游：跨越和提升》https：//www.sqgj.gov.cn/video_learning/education/student/learn.html?courseId=215&resourceId=454.

[61] 罗伟：《乡村旅游经营模式与案例分析》https：//www.sqgj.gov.cn/video_learning/education/student/learn.html?courseId=e3b06d86bd1e43bb9204a21ef9f698de

&resourceId=0c4889544a3e4e19bf59f1939a65486a.

[62] 中国高端度假村－裸心度假，https：//www.nakedretreats.cn/zh－CN.

[63] 井冈山旅游网，http：//www.jgstour.com.

后 记

本书撰写过程中受到陕西省榆林市榆阳区委政策研究室秦永军、李永洲、朱绪文，榆林传媒中心王倩，榆阳区委宣传部王森，榆阳区文旅局张世泰的指导，在此表示感谢！

本书撰写过程中受到榆林学院文学院贺智利、樊文军、吕政轩、杨静涛、苏小遥、王潇，管理学院高谋洲，教育学院亢雄的指导和支持，在此表示感谢！

本书撰写过程中受到榆林东山书院李爱亮的指导与支持，在此一并表示感谢！

程明社

2022 年 2 月